Markus Franz

SC Wacker 04

Der einzigartige Berliner Traditionsverein

Der Autor:
Markus Franz, Jahrgang 1971, ist Berliner mit Leib und Seele. Trotzdem wurde er als 15-Jähriger Fan des VfL Bochum. Später schrieb er sogar eine Vereins-Chronik für den VfL ("Die Jungs von der Castroper Straße", 2005). Als Spielerberater vermittelte er mit seinem Freund Nicolai Mallet dem Verein etliche Profis aus Dänemark (u.a. den Bundesliga Torschützenkönig 2003 Thomas Christiansen). Seine eigentliche fußballerische Herkunft liegt aber nur 900 Meter Luftlinie von seiner Wohnung entfernt, nämlich am (damaligen) Wackerweg, wo der einstige Berliner Top-Club aus den 1970er Jahren reihenweise größere Kontrahenten wie Borussia Dortmund, Hertha BSC, Arminia Bielefeld, den HSV, St. Pauli, Hannover 96, 1. FC Nürnberg oder Bayer 04 Leverkusen abfertigte. Markus war Jugendspieler, Fan und Pressewart des Vereins.

Abbildungsverzeichnis:
Archiv Markus Franz und andere

Gestaltung und Satz:
Kathrin Strahl

Herstellung und Verlag: BoD – Books on Demand, Norderstedt
ISBN: 9783757816568
2. Auflage 2023
© 2023 Buchautor Markus Franz
franz.markus@t-online.de

Vorwort

Beim Blick auf die Geburtsdaten der Spieler, die den Club in der großen Zeit während der 1970er Jahre prägten, wurde mir schnell klar, dass es höchste Zeit ist, ein Buch über meinen Heimatverein zu verfassen. Wer lebt noch, wer ist noch fit und auskunftsfreudig? Leider lebt von den alten Vorständen inzwischen niemand mehr. Umso wichtiger scheint mir eine Dokumentation der Vereinsgeschichte, bevor es noch weniger Zeitzeugen gibt. Was mir zunächst ins Gedächtnis kam bzw. in die Hände fiel, waren Fotos, Stadionmagazine und eigene Erinnerungen. Der Blick ins sogenannte „Netz" war ein zwiespältiges Vergnügen: Statistik war zum Teil (vor allem aus der Zeit in der 2. Bundesliga) vorhanden, aber nur grenzwertig verlässlich zu verwenden. Außerdem: Nackte Zahlen erzählen selten ihre Geschichte. Man muss sie erklären und in Zusammenhang stellen. Und weil ich gerade beim Thema „alte Vorstände" war… in verschiedenen Interneteinträgen waren die Herren gar nicht vorhanden. Ob erster oder letzter Wacker-Präsident, man findet darüber nichts im Netz. Diese Geschichtsvergessenheit störte mich – sie ist der Hauptanlass für dieses Buch über meinen Verein, der immerhin bis heute auf Rang 84 der ewigen Tabelle der 2. Bundesliga liegt.

Die Herangehensweise war (auch) ein innerliches Abwägen. Sollte ich historisch schreiben und die eigenen Erinnerungen verwerfen? Doch dann wagte ich ein Experiment, das man vielleicht als „Stilbruch" bezeichnen könnte. Aber als Autor empfinde ich nicht so: Die Jahre vor meiner Geburt beleuchte ich sachlich und sporthistorisch fundiert. Auch mit Interviews der früheren Protagonisten. Ein weiterer Teil, den ich persönlich erleben konnte, habe ich spürbar persönlicher geschrieben. Dabei verlasse ich Tabelle, Spielerwechsel und Spielverläufe nicht, aber dieser Teil ist deutlich subjektiver – mit meinen Empfindungen versehen – geprägt. In Archiven allein spürt man keinen Schweiß, keine Tränen – erst das eigene Erleben und Empfinden würzt manches Ereignis aus der Vereinsgeschichte.

Doch auch ich hatte natürlich etliche Barrieren zu meistern, um diesen Mix aus persönlicher Anschauung und historischer Recherche zu realisieren. Zunächst einmal: Wer lebt überhaupt noch, und wen kann ich noch interviewen? Die Quellen zu sichten war extrem zeitaufwendig. Einer ansprechenden Ausstellungsbroschüre zum Fußballsport in Reinickendorf konnte ich beispielsweise etliche interessante Informationen entnehmen. Allerdings waren die meisten Hinweise in wörtlicher Rede. Es handelte sich – notiert im Jahr 2006 – um persönliche Erinnerungen aus der Zeit kurz nach dem Zweiten Weltkrieg bis in die 1970er Jahre. Weil es sich um individuell gefärbte Reminiszenzen handelte, stellte sich im Zuge der Überprüfung heraus, dass vieles lediglich sozusagen halb wahr war. Kein Wunder, da das menschliche Erinnerungsvermögen prinzipiell fehlbar ist.

Noch ein Blick auf die Quellenlage. Es war mitunter hanebüchen, was für Gerüchte über Wacker 04 kursierten. Drei Beispiele sollen dies veranschaulichen. Es existiert beispielsweise ein Werk über die Berliner Traditionsvereine. Welcher Verein glänzt durch Abwesenheit?! Bingo!

Im ansonsten großartigen Buch „Das große Buch der deutschen Fußball-Stadien" (Göttingen 2001, hrsg. von Werner Skrentny) ist zwar auch der Platz am Wackerwerg, bzw. Wacker 04 auf einer knappen Seite gewürdigt worden. Allerdings sind dem Autor vier Fehler unterlaufen, komplettiert um eine „schwammige" Behauptung. 1. Wacker ist nicht erst seit 1945 in Reinickendorf beheimatet, sondern von Anfang an. 2. Das Aufstiegsrundenspiel 1974 gegen Braunschweig fand weder am Wackerweg noch im Olympiastadion statt, sondern im Poststadion 3. Wacker stieg nicht 1976 aus der 2. Bundesliga ab, sondern 1977. 4. schließlich ist der Zuschauerrekord am Wackerweg sehr wohl bekannt – es waren 18.000 gegen Hertha BSC im Jahre 1929. Hinsichtlich der „schwammigen" Behauptung ist zu präzisieren: Wacker ging das Wagnis 2. Liga nicht aus freien Stücken, sondern gezwungenermaßen im Poststadion ein. (Immerhin ist neben einem schönen Foto erwähnt, dass die Flutlichtanlage im Jahr 1967 installiert wurde.) Und dann gibt es ja noch das 1997 erschienene und in Sachen Wacker fragwürdige Buch „100 Jahre Fußball in Berlin", in dem Wacker 04 gleich gar nicht, bzw. lediglich als eine statistische Randnotiz erwähnt wird. Kein einziger Wacker 04-Profi oder -Trainer wird portraitiert, obwohl es ansonsten an Kurzporträts im Buch nur so wimmelt...

Last but not least: In Klaus Bitters ansonsten hervorragendem Standardwerk „Deutschlands Fußball. Das Lexikon" werden 50 (!)

Berliner Fußballvereine ausführlich gewürdigt. Welcher Verein glänzt durch Abwesenheit? Bingo!

Zweierlei habe ich mir mit diesem Buch über ‚meinen‘ Verein vorgenommen: Einerseits, das versteht sich von selbst, der ‚Wahrheit‘ verpflichtet zu sein, indem gediegene Recherche mein oberstes Ziel war. Andererseits aber sollte über der Sachlichkeit der Überschau der ‚menschliche‘ Faktor nicht zu kurz kommen. Die Personen hinter dem Verein, also u.a. auch die bereits verstorbenen Funktionäre, sollen in ihrer jeweiligen Eigenart quasi verlebendigt werden. Da mein Herz an meinem inzwischen aufgelösten Heimatverein und damit an all denen hängt, die vor Zeiten sein Gesicht nach Innen und Außen geprägt haben.

Fehler sind menschlich. Sie wurden sicher auch am Wackerweg gemacht. Letztlich aber, so viel Pathos muss sein, gilt meine Hochachtung allen, die in diesem einzigartigen Verein, jeder an seiner Stelle, über die Jahrzehnte tätig gewesen sind. Eine selbstgerechte Jubelchronik ist daraus dennoch hoffentlich nicht geworden.

Danksagung

Wir bedanken uns herzlich für die freundliche, tatkräftige und finanzielle Unterstützung bei der Kanzlei DAHL LAW FIRM in Kopenhagen, und hier vor allem bei meinem Freund, Rechtsanwalt Nicolai Mallet. Des Weiteren bei Rainer „Ratze" Liedtke für hilfreiches Material und zahlreiche Hintergrundinformationen. Außerdem danken wir den Supportern Ingo Reißner, Frank Misch, Stefan Gympel, Thomas Czerwionka und Rechtsanwalt Dirk Ulrich Greiser sowie meiner lieben Frau Gabi. Ohne Euch hätten wir das alles nicht gestemmt!

Geschichte(n) vorab

Der Fußball kommt nach Berlin (1883 – 1904)

Am 11. September 1897 gründete sich der Verband der Deutschen Ballspielvereine (VDB) in der Kreuzberger Bergmannstraße, wo der BFC Preussen von 1894 in der Gaststätte Dustern Keller sein Domizil besaß. „Deutsch" deshalb, weil man darauf baute, auch Vereine aus dem Reich aufnehmen zu können. Anwesend waren Vereinsvertreter von Britannia, Fortuna, Preussen, Argo, Brandenburg, Akademischer BSC und Rapide. Die sechs Gründungsvereine des VDB waren der BFC Preussen 1894, BFC Fortuna 1894, FV Brandenburg 1892, SC Argo, SC Hohenzollern Lichterfelde und der Friedenauer SC 1896.

Doch resümieren wir die Vereinsgründungen in Berlin möglichst exakt in chronologischer Folge. Begonnen hatte alles 1885 mit dem Berliner Fußball Club Frankfurt und dem FC Concordia Wilhelmsruh 1895, der rasch zur Berlin-Liga zählte. Ihnen folgten der Friedenauer TSC (1886), Germania 88 und der TSV Rudow (beide 1888), Viktoria 89, Stern Britz (1889), BFC Alemannia, Blau-Weiß 90 (beide hatten sich am 2. November 1890 gegründet; Blau-Weiß entstand jedoch erst 1927 aus der Fusion von FC Union 1882 und Vorwärts 90). Aus der TV Dorner (1891) gingen später die Reinickendorfer Füchse hervor. Dazu kam der BFC Askania und der BFC Teutonia (beide 1891). Die Alte Dame Hertha hieß ursprünglich BFC Hertha 92 (1892). Der FV Brandenburg von 1892 wurde später zur Lichterfelder SU, dann zum VfB Lichterfelde und schließlich zum LFC. Britannia 92 von 1892 nannte sich später BSV 92. 1893 fiel der Startschuss für Minerva 93, genauso wie für BFC Rapide, aus dem später Rapide Wedding wurde und für den VfB Pankow. BFC Preussen, BFC Fortuna und der Spandauer SV nahmen ihre Aktivität alle 1894 auf. Der BSC ein Jahr danach, wobei sich die Fußballabteilung erst wesentlich später bildete, so dass der Verein nur mit Einschränkungen in diese Auflistung gehört. 1895 war das Gründungsjahr des 1. FC Neukölln, 1896 dasjenige von Nord-Nordstern, und 1897 folgte Helgoland 97. Jahr für Jahr brachten Neugründungen: Norden Nordwest und BTuFC Helvetia (beide 1898), Corso Vineta und Spandauer SC (beide 1899), NSC Cimbria (1900), sowie, im selben Jahr, Tasmania, die Kickers und Wacker (der spätere SC Siemensstadt).

Der SC Westend erblickte 1901 das Licht der Öffentlichkeit, ihm folgten 1902 Marathon 02, der SCC und Tennis Borussia. Seit 1903 existieren Hertha 03 Zehlendorf, Blau-Weiß Spandau und der FC Brandenburg 03. Wobei wir hier vom heutigen Berlin ausgehen. Fest steht aber auch, dass Randbezirke wie Reinickendorf, Zehlendorf oder auch Spandau erst ab 1920 zu Berlin gehörten.

Gründung und Entwicklung des Vereins (1904–1950)

Der SC Wacker 04 wurde am 25. Juli 1904 gegründet. Bis ein Verein eine solide Basis hat und etabliert ist, durchläuft er verschiedene Entwicklungen. Manchmal kommt es auch zu Zusammenschlüssen mit anderen Vereinen sowie Umbenennungen inklusive wechselnder Vereinsfarben. Dies war beim SC Wacker 04 Berlin nicht anders.

Bereits 1902 hatten sich in den nördlichen Industrievororten von Berlin (Reinickendorf ist Berlins nördlichster Bezirk) Jugendliche zwischen 15 und 18 Jahren zusammengetan und – vermutlich ohne es zu wissen und zu wollen – den Ball für Wacker 04 ins Rollen gebracht. Der Kapitän (später hieß er Spielführer, heute ist er, wie ehedem, der Kapitän) hatte Schärpen umgehängt, die Spieler trugen Rudermützen. Die Torstangen wurden noch zum Platz getragen, während die Torlatte ein gespanntes weißes Band war. Die Wacker-Jubiläumsfestschrift von 1954 (Vgl.: 50 Jahre SC Wacker 04) formulierte pathetisch: „die ungeheure Begeisterung aller Teilnehmer brachte die in unserm Sport liegenden Werte doch ans Tageslicht und gab vielen von ihnen jenen fanatischen Glauben an die gute Sache, der sie für immer treu zur Fahne halten und das Fundament unserer Bewegung werden ließ."

Tegel ist ein gemütlicher, bürgerlicher Ortsteil von Reinickendorf, bekannt vor allem durch den Tegeler See, der noch heute ein beliebtes Ausflugsziel ist. 1903 existierte dort in Form eines losen Zusammenschlusses der FC Vorwärts sowie, allerdings lediglich für eine kurze Zeit, eine Normannia. Doch bereits 1904 machte man sich daran, einen richtigen Verein mit dazugehöriger Satzung zu gründen. Im Zentrum Reinickendorfs (also etwa in der Gegend rund um die Residenzstraße) gab es einen Reinickendorfer Fußball Club West 04, in dem längst vergessene Männer wie Kossacks, Zellmer, Rülmann oder der spätere Wacker 04 Präsident Franz

Dobbratz engagiert waren. In Tegel hatte sich darüber hinaus ein TFC Wacker 05 gegründet. Dort war Otto Hein aktiv, der auch noch Wackers Vorsitzender werden sollte. Noch im selben Jahr lösten sich diese Vereine auf. Gegründet wurde stattdessen der TFC Hohenzollern mit den Vereinsfarben Schwarz-Weiß-Rot. Gekickt wurde auf einem Gelände gegenüber der Tegeler Strafanstalt. Zu jener Zeit taten sich drei Gruppen zusammen: die Jungs im Einzugsbereich der Chausseestraße, die Reinickendorfer und eben die Tegeler. Es gab laut Vereinsschrift schon damals ein blühendes Vereinsleben. „Der Verein wurde nicht allein durch seine guten Spiele bekannt, sondern auch durch seine großartige Geselligkeit, da es kein Spiel gab, dem nicht ein Kommers folgte", wie es damals noch hieß. Ein Herr Stoffregen aus Hannover war als Mitarbeiter der Großfirma Borsig 1906 nach Berlin gezogen und bei der Gelegenheit auch Mitglied des Vereins geworden. Als 1907 der „Berliner Ballspiel Bund" gegründet wurde, wurde Stoffregen dort Schriftführer. Die erste Meisterschaft wurde 1907/08 von den Hohenzollern nach voraufgegangenem Kräftemessen mit Nordstern gewonnen. Bereits im Frühjahr 1908 traten aber politisch motivierte Zwistigkeiten im Verein auf. Die besten Kicker wollten nicht mehr unter diesem Namen antreten und wechselten geschlossen zum RFC West 04. Blau-Weiß-Schwarz waren nun für einen allerdings überschaubaren Zeitraum – vom 8. Juli bis zum 19. August (!) – die Vereinsfarben.

An diesem Sommertag verhandelten die Herren Jädick (1. Vorsitzender des TFC Hohenzollern) und besagter Stoffregen für die übriggebliebenen „Hohenzollern" mit den Herren Dobbratz und Leonhard von Wacker 04.

Aus diesen Verhandlungen ging, auf den Tag genau am 18. September 1908, der Tegeler Sportclub Wacker 04 hervor. Der Gründungstag – eine kleine Schummelei – wurde auf den 25. Juli 1904 rückverlegt. Die Vereinsgaststätte befand sich in der Birkenstraße. Nicht zu verwechseln, aber das versteht sich von selbst, mit der heutigen Birkenstraße im Bezirk Moabit. Sondern die heutige Kienhorst Straße hieß damals eben noch Birkenstraße. Später waren dann sowohl das Vereinsheim als auch der Sportplatz an der heutigen Kreuzung Eichborndamm/Oranienburger Straße gelegen. Diesen Hinweis verdanke ich dem Reinickendorfer *Kartenexperten*, Herrn Markus Heske.

Wie in einem anderen Kapitel bereits angedeutet, ging es in einer Wacker-Jubiläumsschrift von 1954 darum, Spieler dafür, dass sie den Verein wechselten, zu kritisieren. Dies war aber nicht lediglich ein Problem der frühen 1950er Jahre, sondern zieht sich über die Jahrzehnte bis in die Gegenwart (jüngstes Beispiel Lewandowski) hin. Allenthalben handelt es sich bei dem dann anstehenden Vertragsgezänk um den finanziellen Aspekt, damals freilich auf ungleich niedrigerem Niveau als heutzutage. Weil der Fußballsport nach dem Krieg sich noch halbwegs auf Amateurniveau bewegte.

Zwar wurden 1962 endlich Nägel mit Köpfen gemacht, als man auf einem Bundestag des DFB in Dortmund die Gründung der Bundesliga beschloss. Die Professionalisierung des Fußballs (= Kommerzialisierung) war damit endgültig zu einem festen Bestandteil dieser sportlichen Betätigung geworden. Die verbale Rechtfertigung erfolgte prompt durch einen Kommentar von Dietrich Schulze-Marmeling: „Der deutsche Amateurismus war eine Weltanschauung, die den Professionalismus als dekadente Entartung, besonders üble Form der materialistischen Verseuchung, Ausdruck eines unseligen Zeitgeistes etc. verurteilte und den Profisportler gewissermaßen in die Nähe der Prostitution rückte." Und weiter zitiert er aus dem DFB-Jahrbuch von 1930: „Die Pflege des Amateursports verlangt auf der anderen Seite Kampf gegen den Berufssport. Es ist unsere Pflicht, Berufssportler, die sich in unseren Reihen finden sollten, auszumerzen. (…) Tatsächlich wurde die wirtschaftliche Depression zum Geburtshelfer des Fußballprofitums in Deutschland", lautete sein neutrales Resümee.

Wie hat man sich das vorzustellen? Es ging im Wesentlichen weniger um punktuelle Geldbezüge, sondern vielmehr um eine solide Arbeitsplatzbeschaffung mit den entsprechenden Aufstiegsmöglichkeiten. Das prominenteste Gegenbeispiel allerdings war ausgerechnet der spätere deutsche Nationalheld Sepp Herberger, der seinen Spielern, einerseits, unentwegt die Flausen vom großen Geld madig machte, selbst aber, andererseits, seine moralischen Ansprüche der finanziellen Besserstellung aufgeopfert hatte. Bereits im Herbst 1921 war er, aus eindeutig pekuniären Gründen, von Waldhof Mannheim zum Ortsrivalen Phönix gewechselt. Seine offizielle Begründung für diesen Vereinswechsel lautete zwar dahingehend, dass der neue Verein ihm, als Zugabe, ein über den Ballsport hinausgehendes Jobangebot unterbreitet habe. Darüber hinaus seien im sportlichen Umfeld von Phönix bessere Voraussetzungen vorhanden, nach seiner Karriere als Fußballer das Handwerk des Trainers zu erlernen. – Unter der Hand freilich erhielt Herberger, eine kleine Entscheidungshilfe, eine Zuwendung von 10.000 Mark. Die Kehrseite der Medaille: Er durfte, der Deal gelangte an die Öffentlichkeit, fortan nicht mehr für die deutsche Nationalelf auflaufen, heißt, wurde lebenslang gesperrt. Die Reue des Ertappten freilich kam zu spät und vor allem: Sie erzielte nicht den erwünschten Erfolg.

Selbstredend ist auch Wacker 04 keine – löbliche – Ausnahme von der inzwischen hundertjährigen Regel gewesen. So heißt es in der Chronik zum 50-jährigen Vereinsjubiläum: „Von der 1. Mannschaft gingen im Juni 1920 F. Bache zu ,Hertha 92‘, die Gebrüder Strehlke und A. Schudowa zu ,Minerva 93‘, R. Mittelstädt zu ,Wedding‘ und E. Hawranneck zu ,Triton Spandau‘.“ Und das finanziell unterfütterte Wechseln fand seine zeitnahe Fortsetzung. „Da die neue Spielzeit schon begonnen hatte, wirkte es wie ein Bombeneinschlag bei uns, als wir eines Sonnabends früh die Abmeldung von weiteren vier Spielern der 1. Mannschaft erhielten. H. Lemke und F. Binte waren der Berufsspielertruppe ,Eidinger und Amsel‘ in die Arme gelaufen, M. Wuschke war von ,NNW‘ liebevoll aufgenommen worden, und O. Klippenstein hatte vom ,BSC‘ eine Anstellung erhalten. (…) Nun standen wir zu Anfang der Spielzeit 1920/21 ohne ein festes Mannschaftsgefüge da.“ A. Strehlke wechselte 1922 übrigens zu Alemannia-Haselhorst, weil man ihm dort einen Arbeitsplatz in einer Margarinefabrik in Aussicht gestellt hatte.

Auf Seite 30 fährt der Chronist dann interessanterweise wie folgt fort: „Das Berufsspieler-Intermezzo, in das sich einige unserer Spieler verstrickt hatten, ging nach nur zwei Spielen gegen eine ungarische Profimannschaft pleite, und wir waren nun wieder gut genug, für die Begnadigung dieser Spieler zu kämpfen. Im Anfang des Jahres 1921 gab es dann vom DFB eine allgemeine Amnestie für alle Verstöße gegen den damaligen § 66, wie später noch öfter, und H. Lemke, F. Bache, A. Schudoma, und A. Strehlke wurden wieder unsere Mitglieder. An den Verbandsspielen durften sie aber erst in der nächsten Spielzeit wieder teilnehmen, während ihre Mitwirkung bei Gesellschaftsspielen erlaubt war.“

1942, also mitten im Zweiten Weltkrieg, wurde weiterhin Fußball gespielt. Wacker 04 machte da keine Ausnahme. Man spricht ja immer über die tollen Jahre in der 2. Bundesliga, übersieht dabei aber, dass Wacker 04 zwar leider nie in der („richtigen") 1. Bundesliga gespielt hat (siehe das unsägliche „Braunschweig-Drama" 1974), aber dennoch ganze 34 Jahre (!) erstklassig spielte! Und zwar im sogenannten „Sportbereich 3 Berlin-Brandenburg".

Jedenfalls hatten die Veilchen des Nordens eines schönen Sonntags mal wieder ein Auswärtsspiel in der Köpenicker Wuhlheide bei Union-Oberschöneweide. Von Seiten der Berliner Straßenbahn wurde tatsächlich ein Sonderzug für die zahlreichen Wacker 04-Anhänger bereitgestellt. Ausgangspunkt war die Scharnweber Straße (heutige General Barby Straße). Da der reguläre Linienbetrieb nicht unterbrochen worden war, mussten etliche Pausen auf der langen Fahrt eingelegt werden. Außerdem musste, der Zeitverzögerung zweiter Teil, der Schaffner immer wieder die Straßenbahn verlassen, um per Hand die Weichen zu stellen. Im Anschluss an die Fahrt quer durch Berlin mussten die 04-Fans noch einen Fußmarsch durch den Wald auf sich nehmen, um an ihr eigentliches Ziel zu gelangen. Und der ganze Aufwand hatte sich, wie sich kurze Zeit später herausstellte, gelohnt: Wacker 04 siegte mit 6:3! Das muss schon allein deshalb für extreme Ausgelassenheit gesorgt haben, weil die Wackeraner in der Spielzeit zuvor mit 1:7 unterlegen waren.

Bei der Gelegenheit soll auf die unterschiedlichen Taktiken im Laufe der Jahrzehnte ein Blick geworfen werden. Als Deutschland 1954 erstmals Weltmeister wurde, spielten sie mit lediglich fünf Angreifern, da vor dem Weltkrieg tatsächlich mit acht Angreifern das gegnerische Tor berannt worden war. 1974, beim zweiten WM-Titel, war das 4-3-3-System das Maß aller Dinge. 1990 waren es nur noch zwei (3-5-2), und beim letzten Titel 2014 kam lediglich einer zum Einsatz. Zugegeben, das war eine globale Entwicklung. Worauf ich aber hinauswill: Früher ging es den Mannschaften prinzipiell darum, möglichst viele Tore zu erzielen. Gegentore gehörten entsprechend auch dazu. Heute redet man von Kompaktheit, Laufbereitschaft, Mentalität und schließlich noch von Mut zum Risiko, wenn ein Spieler ab und an das Leder in die Schnittstelle der Abwehr transportiert. Das sind doch alles Selbstverständlichkeiten oder sollten es jedenfalls sein. Genauso aberwitzig ist das unentwegte Resümieren der von den Kickern abgespulten Kilometer pro Match. Ganz so, als ob sie mit ihrer doch eigentlich ebenso selbstverständlichen Laufbereitschaft ihre absurd hohen Millionengagen ernsthaft rechtfertigen könnten. Was folgt daraus? Dass Resultate wie das 1:7 oder 6:3 vor achtzig Jahren sicher nicht mit taktischen Höchstleistungen zu erklären sind.

Im Jahr 1947 waren im Übrigen die ersten fünf deutschen Ligen wie folgt untergliedert: In der amerikanischen Zone spielten Eintracht Frankfurt, Kickers Stuttgart, VfB Stuttgart, 1. FC Nürnberg, SV Waldhof Mannheim, 1860 München, Schwaben Augsburg, Schweinfurt 05 und Kickers Offenbach. In der russischen Zone tummelten sich Dresden, Dessau, Leipzig-Probstheida, Chemnitz und Zwickau. Die britische Zone bestand aus FC St. Pauli, Hamburger SV, Fortuna Düsseldorf, Borussia Dortmund, Schalke 04, VfB Lübeck, Rot-Weiß Oberhausen, Werder Bremen, Holstein Kiel, VfL Köln und TSV Braunschweig. Und die französische Zone schließlich setzte sich aus Wormatia Worms, 1. FC Saarbrücken, 1.FC Kaiserslautern, Mainz 05 und VfL Konstanz zusammen. In der Berliner Stadtliga spielten Charlottenburg, Oberschöneweide, Wilmersdorf, Südring, Staaken, Köpenick, Prenzlauer Berg, Mariendorf und Reinickendorf-West. Bei Reinickendorf-West handelte es sich um den für kurze Zeit umbenannten SC Wacker 04-Tegel, der seit dem 13.3.1949, also zwei Jahre später, SC Wacker 04 Berlin hieß.

Das wichtige Bruderpaar bei Wacker 04

Zwei immens wichtige Männer bei Wacker 04 waren die Brüder Otto und Walter Nadolny, die leider nicht im Internet zu finden sind. Beginnen wir mit Walter, der um 1920 herum mitwirkte, den Wackerplatz wieder in Schuss zu bringen, bzw. erstmals einen richtig schönen Rasenplatz anzulegen. Er war eigentlich Verwaltungsobmann bei den Wackeranern, setzte aber seine Energie bis zu einem schweren Nervenzusammenbruch dafür ein, dem Verein auf jede erdenkliche Art zu helfen. Er beteiligte sich sogar an den Kosten des Aufbaus, indem er 5000 RM aus seinem Privatvermögen beisteuerte. 1938 wurde er von den Nationalsozialisten zum Vereinsführer bestimmt, womit er Otto Pelzner ablöste. Es war zwar einerseits klar, dass das NS-Regime nur Gesinnungsfeste mit Führungspositionen betraute. Andererseits aber ist über die genauen Hintergründe dieses Vorgangs (bzw. die eigentliche Gesinnung von Nadolny) nichts bekannt geworden. Zehn Arbeitspflichtstunden ,brummte' er den Vereinsmitgliedern auf, um noch vor Kriegsanbruch den Platz umzugestalten. Die berühmten Pappeln pflanzte er 1939 sogar eigenhändig. Nach dem Krieg stand er der Sportgruppe Reinickendorf-West, also Wacker 04 Tegel vor. Doch 1947 zwang ihn der oben bereits erwähnte Nervenzusammenbruch, sein Amt niederzulegen. Zwar kehrte er noch einmal kurz als Vorsitzender zurück, doch krankheitsbedingt zog er sich dann bald schon endgültig aus dem Vereinsleben zurück. 1948 wurde der Platz vor allem mithilfe fleißiger Vereinsmitglieder erneut in Stand gesetzt.

An dieser Stelle kommt der ältere Bruder Otto – der sogenannte „Gras-Opa" vom Wackerplatz – ins Spiel, der zunächst als Torwart und Verteidiger bei den Veilchen seinen Mann stand, und nach seiner aktiven Laufbahn als Spielausschuss-Obmann fungierte. Doch im Zuge der Begrünung der Spielfläche fand er zu seiner wahren Bestimmung: den Rasen fortan instand zu halten. Das sah dann so aus, dass er über die Grashalme wachte wie die Ordner im Louvre über die Mona Lisa. Auch junge Spieler wurden dazu angehalten, beispielsweise Unkraut auszustechen. Dafür durften sie dann auch barfuß kicken. Die Vertragsspieler trainierten in Turnschuhen, und nur am Spieltag waren die gängigen Stollenschuhe bei Nadolny erlaubt. Im Jahre 1953 verstarb er mit nur 62 Jahren an einer „heimtückischen Krankheit", wie die Wacker-Jubiläumsschrift zum 50-jährigen Bestehen des Vereins vermeldete. Nicht zuletzt dank Gras-Opas unermüdlichem Einsatz heißt der Wackerplatz zurecht das „Schmuckkästchen". Hans Lehmann, bis 1967 für zwanzig Jahre Wacker 04-Kicker, klärt uns auf: „Wenn sonntags ein Spiel war, haben sie vorher die Fahnenstangen weiß angestrichen. In den Ecken blitzten die lila-weißen Wimpel. Das war alles wie aus dem Ei gepellt. Daher kam der Begriff ‚Schmuckkästchen'."

Ein Nationalspieler bei Wacker 04!

Bereits im Jahr 1923 gehörte zum Team von Wacker 04 ein deutscher Nationalspieler. Fritz Bache (gerufen „Neipe") war sein Name.

Dieser wuchtige Verteidiger, der in einer Brauerei arbeitete, wurde am 29. März 1898 geboren, wechselte zwar von Wacker 04 zum BFC Hertha 1920, kehrte jedoch alsbald wieder zurück an den Wackerweg. Von 1921 bis 1924 kickte er im Trikot der 04er und wurde zweimal in die deutsche Nationalelf unter Professor Otto Nerz berufen. Er debütierte am 4. November 1923 in Hamburg, beim 1:0 Sieg im Freundschaftsländerspiel gegen Norwegen, als Deutschland mit folgender Aufstellung antrat: Stuhlfauth, Risse, Bache, H. Schmidt, Kalb. W. Krause, Leip, Reißmann, Harder, Wieder, Sutor.

Am 31. August 1924 durfte er dann noch ein zweites Mal ran, beim 1:4 gegen Schweden im Deutschen Stadion, das auch unter dem Namen Berliner Grunewald Stadion bekannt war. Auf diesem Areal befindet sich heute das Olympiastadion. Fürth und Nürnberg stellten zu dieser Partie keine Akteure ab, so dass Fußballer aus Berlin, Hamburg, Leipzig und Dresden nachrücken konnten.

1924 spielte er auch für Alllemannia (sic!), wo er einmal an der Endrunde zur DM teilnahm. Fast genauso wichtig wie die Länderspielverpflichtungen sind jedoch die wenigen überlieferten Gerüchte, die über ihn kursierten. So soll er im April 1923 bei einer Reise mit der Berliner Stadtauswahl nach Bratislava und Budapest zuerst versehentlich eine Hoteltür und später eine Glastür bei der Deutschen Reichsbahn zertrümmert haben. Die Grobmotorik war ihm also offensichtlich durchaus vertraut. Die Autoren Knieriem und Grüne resümieren: „Für die Begleichung des ersten Schadens (21 Mio. ungarische Kronen) stand Bache übrigens selber gerade, derweil die Kosten für sein zweites Missgeschick vom Berliner Verband übernommen wurden."

Bache starb am 6. Dezember 1959 mit nur 61 Jahren. Aber woher hatte er seinen Spitznamen „Neipe"? Es war ganz simpel. Bache hatte einen leichten Sprachfehler. Er konnte das „k" nicht richtig aussprechen: „Gehen wir in die Neipe…?"

Der Fußballer Bache und sein sprachliches Handicap: Abgesehen von seinem Engagement bei Wacker 04 absolvierte Bache 36 Spiele für die Berliner Stadtauswahl. Es war im April 1923, als Berlin in Budapest antrat. Im Zug hatte der umstrittene DFB-Begleiter Carl Koppehel noch gefrotzelt, dass der „Neipe" wohl nie im Leben ein Tor schießen werde und schon gar nicht einen Elfmeter verwandeln könne. Doch dann geschah es! Berlin erhielt einen Elfmeter zugesprochen und Bache, immer mit einem kleinen Bäuchlein ausgestattet, trabte los und schnappte sich das Leder. Sein Schuss hatte eine derartige Urgewalt, dass der ungarische Goalie nur noch schnell den Kopf einziehen konnte. Tor! Und Bache stürmte gleich darauf in Richtung Carl Koppehel, der neben der ungarischen Delegation saß, und stellte, vermutlich mit einem breiten Grinsen, die naheliegende Frage: „Noppehel, wat sagste nu?"

Heimstätte „Am Wackerweg": Ein Club und sein Stadtteil

„Was früher galt, als die von meiner Straße, und da gehe ich hin, weil das die sind und für die bin ich, also so eine Art Patriotismus, das gibt's auch zunehmend nicht mehr." (Der Kabarettist Dieter Hildebrandt 2006 in seinem Hörbuch „Dieter Hildebrandt wirft ein") Fährt man heutzutage mit dem Bus in Richtung U-Bahnhof Scharnweber Straße, ertönt es zwei Busstationen davor aus dem Lautsprecher: Kienhorststraße. Das war doch, schießt es mir sofort durch den Kopf, früher mein geliebter Wackerweg. Wacker 04 war bundesweit der einzige Verein, nach dem eine Straße benannt worden war.

Unvergessen die Sonntagnachmittage zwischen 1987 und 1994. Gemeinsam mit meinen damaligen Freunden zum Wackerplatz. Von der Pannwitzstraße, wo meine Eltern ein Haus hatten, ging es hoch zum Eichborndamm, wo der Verkehrslärm der Feiertagslaune ein wenig abträglich war. Doch dann bogen wir rechts in den Wackerweg ein, und spätestens von hier ab setzte ein irres Kribbeln in der Magengegend ein. Es ging, links und rechts befanden sich Gärten, den ungepflegten Sandweg hinunter. Allmählich zog der Duft von Bier und Wurst in unsere Nasen, und aus der Ferne hörten wir bereits die Stadionsprecheranlage. Vorstand Fritz Herz war beispielsweise gerade dabei, die anwesenden Gäste mit: „Guten Tag meine lieben Fußballfreunde" zu begrüßen. Gleich darauf wurden Hände geschüttelt, immer wieder kam es auch zu einem Smalltalk mit den Spielern, und von überall her erklang ein uns willkommen heißendes „da seid ihr ja wieder!" Nachdem die mitgebrachte lila-weiße Fahne hinter dem Tor positioniert worden war, konnte das Spektakel beginnen. Großkampftag für Blutdruck, Herzmuskeln und Stimmbänder.

Der Sportkanal DSF warb um die Jahrtausendwende mit dem Slogan „Mittendrin statt nur dabei" und suggerierte damit allen Ernstes, dass der TV-Zuschauer eine Art richtiger Teilnehmer der Ligaspiele sei! Wenn aber überhaupt so etwas wie ein „mittendrin" existiert, dann lediglich und ausnahmslos im Amateurfußball. Hier wird einem Spieler noch, wie damals Ingo Reißner, beim Warmmachen ein Kaffee über den Zaun gereicht. Nur hier ruft der Fan einem Spieler (oder noch schöner dem Schiri!) etwas zu, das dieser dann auch wirklich registriert und eventuell beherzigt. – Was ich damit sagen will? Statist ist man in einem bis auf den letzten Platz besetzten großen Bundesligastadion. Einsam und allein kann man sich hier bisweilen durchaus fühlen. Und zwar paradoxerweise gerade deswegen, weil man in der Masse der abertausenden Fans untergeht und verschwindet. Wir Fans sind nicht nur hinsichtlich der räumlichen Distanz vom Ort des Geschehens himmelweit entfernt, sondern auch unter dem finanziellen Gesichtspunkt trennen uns Welten von den Elitekickern.

Aber beim Amateurkick auf dem Wackerplatz vor 100 Unentwegten, da war und ist jeder, ob Besucher, Sprecher, Spieler oder Pressefritze, ein Teil vons Janze. Nach den Spielen wurde in den guten alten Zeiten im Wacker-Casino oft noch ausgiebig geredet, gespeist, vor allem jedoch getrunken und zwar zumeist zusammen mit den sich mit „Beam-Cola" erfrischenden Spielern. Und oft ging es – der Anpfiff war ja vorwiegend schon um 14:30 Uhr – erst gegen 21:00 Uhr wieder in Richtung Heimat. Dort wurde häufig noch Zotiges gesungen, und die Fahnen geschwenkt, was ich im Nachhinein auch nicht mehr komplett großartig finde, da es – vor allem am Sonntagabend – auch Leute gibt, die grölenden Fußballfans nicht völlig vorurteilsfrei gegenüber stehen… Indes, so neu war das alles anscheinend gar nicht, was wir im Jahre 1991 veranstalteten, wenn man dem Zeitzeugenbericht eines Werner Siebke Glauben schenken darf. Was ich natürlich gerne tue… – Dieser nämlich hatte im Beiheft der Ausstellung „…körperlich und physisch topfit!" das Folgende notiert: „Als wir uns schließlich auf den Heimweg machten, waren wir alle nicht mehr ganz nüchtern (…) Jetzt singt mal ein richtig schönes Fußballlied! Forderte ich sie auf. So marschierten wir über den Eichborndamm. Es war 22:00 Uhr. Damals ging die Polizei noch regelmäßig Streife." Jedenfalls setzte es wegen „nächtlicher Ruhestörung" eine Geldstrafe, die der Älteste (Siebke!) begleichen musste. Und was sich im Jahr 1951, also 40 Jahre vor uns, im Wacker-Casino abgespielt hatte, war uns späteren Wacker 04 Fans auch geläufig. Werner Siebke, die Zweite: „Nach jedem Heimspiel wurde im Wacker Casino gefeiert. Das war eine Stimmung! Wir haben lauthals gesungen. ‚Lila-weiß sind unsere Farben, lila-weiß ist unser Stolz. Ein jeder Feind, der hat's verspüret, ja, wir sind aus kern'gem Holz.'" Gut, *Feinde* nannten wir die Fangemeinde der Gegner dann doch nicht mehr.

Noch ein kleiner Schwenk zum Thema Fußballsport in Verbindung mit dem Ausschank von Alkoholika sei an dieser Stelle aus gegebenem Anlass eingefügt. Besieht man sich die Werbung in den 1950er Jahren, fällt einem sofort auf, dass lediglich für wenige Produkte geworben wurde: Kaffee, Leder, Bier und Zigaretten, was auch in der Broschüre „50 Jahre Wacker 04" aus dem Jahr 1954 vermerkt worden ist. Aber bereits in den 1920er Jahren fragte man sich, ob es denn sinnvoll sei, einerseits auf Wehrfähigkeit und körperliche Ertüchtigung zur Volksgesundheit zu setzen – ein Beispiel mehr dafür, dass viele Dinge, die üblicherweise der Hitler-Zeit vorbehalten zu sein scheinen, schon 20 Jahre zuvor bis in den Sprachgebrauch hinein grassierten –, andererseits aber dem Alkohol zuzusprechen. Der DFB freilich verwies darauf, dass er Einnahmequellen benötige, und dass es ja gerade die Brauereien seien, die mit ihrem finanziellen Engagement (wenn auch nicht uneigennützig) dafür gesorgt hätten, den Bau und Erhalt von Sportplätzen überhaupt zu gewährleisten. Geradezu legendär ist der folgende Passus, in dem der DFB seine, aus heutiger Sicht, durchaus erheiternde Beweisabsicht zu verplausibilisieren unternimmt: „Um ein geschlossenes Vereinsleben beizubehalten und um auch den Eltern unserer Jugendlichen die Möglichkeit zu geben, ohne jede Hemmung (sic!) und Einschränkung in den Klubhäusern zu verkehren und dabei die Betätigung ihrer Kinder im Vereinsleben zu überwachen, muss ein absolutes Alkoholverbot in Klubhäusern als eine Gefahr für das Vereinsleben betrachtet werden." (Aus dem DFB-Jahresbericht 1927/28)

Das sahen „wir" bei Wacker 04 genauso, und arbeiteten – ich werde jetzt ein bisschen süffisant – eifrig dagegen an.

Bis 1920 zählte der Bezirk Reinickendorf übrigens zum Landkreis Niederbarnim des preußischen Bezirks Brandenburg. Deshalb kickte Wacker 04-Tegel dort auch seit 1918. Als Tabellendreizehnter stiegen sie in dieser Saison allerdings sofort ab.

Erst seit der Saison 1946/47 gehört Wacker zur neuen Berliner Stadtliga, die 1945 eingeführt wurde. 1971 stand im vom Copress Verlag herausgegebenen „Jahrbuch des Fußballs" über Wacker 04 und seine Heimstätte das Folgende zu lesen: „Wacker 04 benützt in Erbpacht für 99 Jahre einen idyllischen Fußballplatz im Norden Berlins, im Bezirk Reinickendorf. Früher umgaben nur Schrebergärten diese Anlage. Die Berliner fuhren ‚raus zu Wacker' und verbanden damit den Gedanken an eine fast dörfliche Atmosphäre. Doch Technik und Fortschritt fegten die etwas verträumte Romantik hinweg. Der nahe Flugplatz Tegel wurde in den Berliner Flugverkehr einbezogen, eine U-Bahn Linie gebaut, und rund um den Wackerplatz schossen Wohnsilos aus der Erde."

Die Sache mit den 99 Jahren funktionierte dann ja leider doch nicht. Im Jahr 2021 spielt übrigens nicht einmal mehr der Nachfolgeverein BFC Alemannia 90 auf dem Wacker-Platz, sondern ausgerechnet Wackers ewiger Bezirksrivale, die Reinickendorfer Füchse! Was jedem Wackeraner, bei allem Respekt, einfach wehtun muss. Erst recht, wenn diese den Wackerplatz umbenennen: Fuchsbau… Füchse… Die Alemannen kicken wieder an ‚ihrer' Ollenhauer Straße. Während die Füchse eigentlich an ihren angestammten Platz am Freiheitsweg gehören, und auf dem Wackerplatz die ‚Totenruhe' stören. Andererseits muss der schöne Platz ja nicht auch noch verkommen, wie seinerzeit das Poststadion.

Die schwierigen 1950er und 1960er Jahre

Noch heute fahren die Wagen der auf sanitäre Anlagen spezialisierten Firma Theodor Bergmann durch meine Straße nahe dem Eichborndamm, wo die Firma ihren Sitz hat. Kein Wunder, da unsere Wohnungsgenossenschaft schon seit langer Zeit die Arbeiter des 160 Mann starken Betriebes vom Eichborndamm immer wieder einmal engagiert.

Am 15. Dezember 1950 gründete Theodor Bergmann seinen kleinen Handwerksbetrieb. Mit einem unscheinbaren Handwagen zog er selbst von Kunde zu Kunde und führte diverse Reparaturarbeiten im Sanitärbereich durch. Am 1. Januar 1975 erfolgte die Umwandlung in die Theodor Bergmann GmbH & Co KG. Irgendwann in den 1990er Jahren ,sprach' ich auf der Terrasse des Wackerplatzes mit Fritz Herz über die Firma. „Ja, der Theodor, mit dem spielen wir auf Sylt immer Skat", lautete seine lapidare Auskunft. Das war freilich stark untertrieben, die beiden alten Fahrensmänner verband eine Männerfreundschaft alter Schule, mit großen Streitigkeiten aber auch großen Aktionen. Denn Theodor Bergmann war über viele Jahre hinweg Wackers alle Entscheidungen mittragender Mann und brachte unter anderem in den 1960ern die *Marie* an den Wackerwerg. Doch nicht nur gute Kicker lotste er zum Verein, 1968 gelang ihm ein wahrer Coup in Sachen Trainerverpflichtung. Bergmann schnappte dem SC Tasmania einen ungarischen Trainer vor der Nase weg. Keinen geringeren als den späteren Bayern München Meistercoach Pal Csernai!

„Csernai war der beste Trainer bei uns, und selbst auch ein sehr guter Fußballer. Aber er wollte schönen Fußball mit uns spielen, und wir hatten ja nun Leute wie Fetkenheuer und Pannewitz…Na und dann kam Basikow mit seiner ewigen scheiß Rennerei und diesem „auf alles treten, was sich bewegt."
(Günter „Ente" Sydow, Wacker Libero 1964–1973)

Natürlich waren die 1970er Jahre das Jahrzehnt für Wacker 04. Doch bereits in den letzten 60er Jahren und eigentlich schon 1963 zeichnete sich ab, dass Wacker bald darauf den Spitzenfußball in Berlin maßgeblich mitbestimmen sollte. 1963 schloss Wacker als Tabellendritter in der Regionalliga Berlin ab. 1965 wurden sie wie auch 1966 Vierter (überhaupt eine Art „Lieblingsplatzierung" des Clubs…). 1967 landete Wacker auf Platz sechs. Danach folgte wieder Rang vier (1968 und 1969). 1970 ging es auf Rang fünf, ehe die Lila-Weißen 1971 Berliner Vizemeister wurden.

Mehr als eine Randnotiz: Schon 1969 besaß Wacker 04 neben Schwarz Weiß Spandau und Tennis Borussia die erste Damenfußballmannschaft in Berlin.

Berichterstattung rund um den Verein: „Das Braune" ging nach dem Krieg schwer raus.

Nicht zu Unrecht wurde der Berliner Vereinspokal nach Paul Rusch, dem langjährigen Präsidenten des Berliner Fußballverbandes (seinerzeit des VBB) benannt. Ich bin kein Historiker und mit Jahrgang 1971 ohnehin nur wenig prädestiniert, mich in die Nachkriegsjahre hineinzufinden; und in die Kriegsjahre davor schon mal gar nicht. So gesehen möchte ich auch Paul Rusch nicht mehr als unbedingt nötig ‚ans Leder'. Aber auffällig war schon, wie sehr der Ungeist aus dieser unsäglichen „Treue-, Tod- und Ehre-"Zeit in der Generation nach dem Zweiten Weltkrieg noch verbreitet war. Im Grußwort zum 50-jährigen Jubiläum von Wacker 04 begann er noch milde und angemessen, als er 1954 schrieb: „Wann und wo immer die Geschichte des Berliner Fußballsports geschrieben wird, da wird an Wacker 04 nicht vorbeigegangen werden können, wird sein Name in ehernen Lettern erscheinen als einer der ältesten Vereine überhaupt." Doch schon kurz darauf legte er los und verfiel fast in Kriegsrhetorik: „(…) Auch diesem Verein sind sturmumbrauste Tage nicht erspart geblieben. Aber gerade hier erwies sich, wer des Vereinsschiffleins treueste Passagiere und Steuermänner waren, sie haben heute Anspruch auf den ganzen Dank der Berliner Fußballgemeinde, weil sie die Begriffe von Ehre und Treue zeit ihres Lebens zu ihrem obersten Gesetz erhoben." Da kann man aus heutiger Sicht doch schon ein bisschen verwundert sein. Was wollte er damit sagen? Zum Vereinsführer von Wacker 04 wurde in der NS Diktatur Walter Nadolny gekürt, aber das wurde ja, wie in allen deutschen Fußballvereinen, von oben angeordnet. Natürlich war Nadolny der ‚richtige' Mann am ‚richtigen' Platz. Aber wozu die Hervorhebung der Treue? Zum Vaterland? Zum NS-Regime? War nicht „Unsere Ehre heißt Treue" der Slogan der SS?

Oder war doch ‚nur' die Treue zum Verein SC Wacker 04 Reinickendorf gemeint? Doch dann legte Rusch nach: „Jene Wandervögel jedoch, die das eigene Ich turmhoch über den Verein stellten, mit den Gesetzen des Fairplay ewig haderten und schließlich an ihrer eigenen Unzulänglichkeit scheiterten, sollen ruhig gehen, denn sie machen sich mitschuldig, wenn ein an sich glückliches Vereinsleben in der kritischen Stunde durch ihre Unentschlossenheit und mangelnde Charakterfestigkeit noch besonders überschattet wird." Starker Tobak! Man verlässt seinen Verein also nicht, und wenn es doch einer macht – sei es aus ‚geographischen‘ oder familiären Gründen – dann wird dieser als charakterlos und unentschlossen zugleich denunziert. Dabei kann es sich bei Vereinswechseln auch ganz einfach um das Thema Geld handeln. Die Spieler von Wacker 04 waren wie die aller anderen Vereine auch Amateure. Aber es gab eben auch damals schon Wege, sich finanziell durch einen Vereinswechsel besser zu stellen (siehe obiges Kapitel).

Aber Rusch ging noch einen Schritt weiter: „Dann nämlich verlassen sie wie Ratten das sinkende Schiff, weil es bequemer ist, einem Verein treu zu sein in guten Tagen als vielmehr dann, wenn es ihm nicht gut geht. Die Zeit geht über sie hinweg und bleibt schließlich nur dem Tapfersten und Tüchtigen treu."

Mehr an Intoleranz scheint mir kaum möglich zu sein. Wie Ratten... Das erinnert fatal an die NS-Herrschaft, in der Juden als Ratten tituliert worden waren. Was Tapferkeit mit Vereinstreue zu tun haben soll, sei dahingestellt. Mit Tüchtigkeit im von Rusch gemeinten Sinne hat sie schon gleich gar nichts zu tun.

Den Rest des Grußwortes erspare ich dem Leser/der Leserin. Denn Rusch hält seinem vorgegebenen ‚Niveau‘ bis zum Ende die *Treue*. Und das neun Jahre nach dem Zweiter Weltkrieg. Man sonnte sich lieber im soeben errungenen WM-Triumph, und auch im Jubiläumsheft gibt es keine direkten Hinweise auf Kriegsschuld, NS-Diktatur und Co. Es heißt dort z.B. nur: „Der Krieg riß wie bei allen anderen Gemeinschaften so auch bei Wacker 04 ungeheure Lücken. Mit wehmütiger Freude denken wir an alle diejenigen zurück, die nicht mehr wiedergekommen sind. Ohne irgendwelche Schmälerung des Andenkens der übrigen, erwähnt der Chronist unsern einzigartigen Horst van Kemenade, ein Fußballspieler und Gesellschaftsmensch ersten Ranges, und den Nachfolger Burnitzkis im Torwächteramt: Werner Tetzlaff, der Ende November 1941 bei einem schweren Bombenangriff in der Kienhorststraße ums Leben kam, 22 Jahre alt, eine Hoffnung und Zierde des Fußballsports. Nach dem Zusammenbruch war es Walter Nadolny (...), welcher die Initiative ergriff und das Vereinsschiff wieder flottmachte."

Kriegsschuld, NS-Verbrechen, Holocaust? Es war offenbar noch viel zu früh, 1954 näher ins Detail zu gehen. Wie bekannt, wurde erst Ende des letzten Jahrtausends seitens des DFB angeregt, das Wirken des eigenen Verbandes in dieser Zeit aufzuarbeiten.

Wacker startet durch

Wackers starker Höhenflug: Die 1970er Jahre. Gründungsmitglied der 2. Liga

Der Meistertrainer Max Merkel, der Weltmeister Per Mertesacker und der Kabarettist Dieter Hildebrandt haben jeweils in ihren Büchern ein und dieselbe These vertreten, die ich zu hundert Prozent unterschreiben kann. Die These lautet: „Es gibt ein Jahrzehnt, da ist ein Verein oder eine Mannschaft ganz oben – und dann ist die Zeit wieder vorbei." Auch auf Wacker 04 trifft diese These zu, denn die 1970er Jahre waren ganz eindeutig Wackers glorreichste Zeit. In Kurzfassung – das Detail folgt nach – liest sich das so: Berliner Vizemeister 1971, Meister der Berliner Regionalliga 1972, Berliner Pokalsieger 1972, Berliner Vizemeister 1973 und 1974. Zweitligist von 1974 bis 1977 und 1978/79, Berliner Meister 1978.

Um in den erlauchten Club der 2. Bundesliga Nord (es gab bis 1981 noch eine weitere 2. Liga Süd, ebenfalls mit 20 Vereinen) zu gelangen, mussten die Vereine schon einiges vorweisen, um vom DFB der Aufnahme für würdig befunden zu werden: 100.000 DM Kaution waren zu hinterlegen. Das Fassungsvermögen des Stadions hatte mindestens 15.000 Zuschauer zu betragen (in der Bundesliga Saison 1973/74 kamen im Schnitt 22.203 Zuschauer; in der Premierensaison der 2. Bundesliga sollten es nur 7.587 werden). Eine Flutlichtanlage war binnen drei Jahren zu installieren (sie war aber bei Wacker seit 1969 vorhanden, während der Bundesligist SC Freiburg seine erst im Jahr 1993 installierte!). Die Gehälter sollten an die der Bundesliga angeglichen werden… Was für, sagen wir, Borussia Dortmund ohnehin kein Thema war, ist aber beispielsweise für Barmbek-Uhlenhorst, Erkenschwick, Wilhelmshaven oder halt Wacker 04 durchaus eines! Bereits 1972 hatte Wacker den DFB vergeblich ersucht, die Spiele zur Bundesliga-Aufstiegsrunde am Wackerweg statt im ungeliebten Poststadion durchführen zu dürfen. Vergeblich. Weil es am Wackerweg noch keine Trenngitter gab und keine separaten Duschkabinen für die Schiedsrichter (!). „Wir müssen zufrieden sein, dass wir überhaupt Duschen für die Mannschaften besitzen", ließ Fritz Herz auf seine bekannt polternde Art seinem Ärger freien Lauf.

Jedenfalls musste Wacker viel zu lange seine Heimspiele im Poststadion austragen, das verkehrstechnisch für die Reinickendorfer

Anhänger nicht wirklich gut zu erreichen war. Zwar hatte Wacker in den Aufstiegsrundenpartien etliche Besucher angezogen, doch es ist ein Unterschied, ob Leute wie zu einem Zoo-Besuch mal interessehalber nach Moabit düsen, oder aber das Stadion als eine echte, lieb gewonnene Heimstätte empfinden. Der Fairness halber sei aber auch erwähnt, dass Wacker zu Zweitligazeiten im Poststadion einen Schnitt von 1.704 Zuschauern erreichte, während an den Wackerweg im Schnitt doch nur 993 Besucher kamen. Die Einnahmen aus den Spielen im Mai 1974 hatten Wacker aber dennoch wenigstens in die günstige Lage versetzt, sich einigermaßen zu verstärken. (Allein das Heimspiel gegen Braunschweig 1974 spülte den Wackeranern 200.000 DM in die klamme Kasse.)

Das galt zunächst auch für die Torwartposition. Der aus Solingen stammende Keeper Helmut Pabst wurde vom FC Schalke 04 nach Berlin veräußert. Die Königsblauen hatten eben Norbert Nigbur und Peter Endrulat als zweiten Torwart unter Vertrag. Außerdem hatte der gebürtige Bochumer Pabst in einem wichtigen Bundesligaspiel in der Saison 71/72 eine unglückliche und auch undankbare Rolle gespielt. Die Schalker traten 1972 im Münchener Olympiastadion beim FC Bayern an, und hatten noch ‚zarte' Hoffnungen auf den Titelgewinn, was ja bei den Schalkern Standard ist. Ein Sieg an jenem 28. Juni 1972 hätte gereicht. Nachdem Klaus Fischer vor 80.000 Zuschauern den 1:2 Anschlusstreffer erzielt hatte, keimte noch einmal Hoffnung auf. Bayern erhöhte dann allerdings auf 3:1, ehe Schalkes Norbert Nigbur in der 70. Minute verletzt mit einer Trage vom Platz getragen wurde. Nun kam Pabst zu seinem Debüt, und das gleich im Meisterschaftsendspiel! Als er in der 80. Minute einen Beckenbauer-Schuss abprallen ließ, machte Uli Hoeneß Bayern postwendend zum Meister. Fakt ist trotzdem: Auf ein Gegentor mehr oder weniger kam es ohnehin nicht mehr an, so dass man Pabst beim besten Willen nicht die auf der Zielgerade vergeigte Meisterschaft anlasten kann. Dennoch wurde er in der folgenden Spielzeit nur ein einziges Mal im Pokal eingesetzt. Darüber hinaus stand Pabst in der Saison 1973/74 immerhin die ersten zehn Bundesligapartien zwischen den Pfosten, ehe Nigbur nach einer Knie-OP wieder zurückkehrte.

Zwar wackelte die S04 Deckung mit am Ende 68 Gegentoren (mehr als beim Tabellenletzten Hannover 96) über die gesamte

Spielzeit, doch fing sich Pabst in besagten 10 Spielen happige 27 Gegentore ein. Das gab wohl letztlich den Ausschlag, ihn abzugeben. Doch in Wahrheit war Pabst ein Top-Keeper, und es war ein cleverer Schachzug von Wacker ihn zu verpflichten. Allein ein kurzer Blick auf die Statistik von Wackers erster Zweitligaspielzeit beweist dies: Pabst kassierte lediglich 12 Tore in 10 Partien, mit dem Ergebnis, dass er ab Herbst 1974 für Fortuna Köln auflief… Da Wacker insgesamt in jener Spielzeit 68 Tore kassierte, wird noch einmal deutlich, was für ein klasse Torwart dieser Pabst war, der im Übrigen im Laufe von zehn Jahren insgesamt 278 Zweitligaspiele für Wacker 04, Fortuna Köln und Union Solingen absolvierte.

Die weiteren Neuzugänge waren auch gut gewählt: Norbert Ivangean war ein Berliner Jugendnationalspieler, der vom FC Bayern kam. Klaus Peter Hanisch (von Hertha BSC) schlug gut ein und Rainer Fischer (vom BFC Südring Berlin) machte für die Lila-Weißen 91 Zweitligaspiele, die er mit 21 Treffern mehr als anständig absolvierte.

Die Bundesliga Aufstiegsrunden 1971, 1972, 1973

Der Wechsel von Trainer Pal Csernai zum jungen Klaus Basikow trug im Frühsommer 1971 erstmals Früchte. Wacker 04 schlug am letzten Spieltag der Regionalliga Berlin den neuen Berliner Meister Tasmania 1900 mit 3:0, während Blau-Weiß 90 zeitgleich patzte. Das hatte zur Folge, dass überraschenderweise die Veilchen des Nordens zum allerersten Mal in ihrer Vereinsgeschichte an der Aufstiegsrunde zur Bundesliga teilnehmen durften. Nicht zuletzt dank ihres Torjägers Manfred Kipp, der es satte 38-mal krachen ließ und ohnehin zu Wackers bestem Stürmer mutierte (Kipp traf in 122 Spielen 87-mal für Wacker).

Die beiden vorderen Vereine der fünf Regionalligen ermittelten in jeweils zwei Gruppen die beiden direkten Aufsteiger in die Bundesliga. Wacker 04 spielte in der zweiten Gruppe, musste also gegen den letztlich souveränen Aufsteiger Fortuna Düsseldorf, Borussia Neunkirchen, den FC St. Pauli und den 1. FC Nürnberg antreten. Wacker musste wieder im ungeliebten Poststadion seine Heimspiele bestreiten. Nach einem 0:3 auf St. Pauli vor 19.523 Zuschauern ging es anschließend gegen den großen 1. FC Nürnberg. Und obwohl Wacker 04 in den übrigen Spielen jeweils als Verlierer den Platz verließ, war dieses Match gegen den Club ein erstes Ausrufezeichen der Lila-Weißen in Richtung deutschem Profifußball. Der Reporter Rudi Rosenzweig, der, wie sein jüngerer Bruder Lutz, den Wackeranern mental nahestand, kommentierte das Spiel der Clubberer unter der Überschrift „Antiquierter Schlummerfußball" wie folgt: „Mit Fußball aus der Postkutschenzeit war die schneidige Wacker-Abwehr trotz eines positiven Eckenverhältnisses von 9:7 jedoch nicht auszuspielen". Wacker hatte die Kicker von der Noris schlussendlich mit 3:2 bezwungen. Mit einer „bewundernswert schneidigen kämpferischen Leistung", wie Rosenzweig resümierte. Dabei hatten sie einen Rückstand mehr als bloß wettgemacht und den Ausfall von Keeper Scholich sowie von Horst Köhler verkraftet, dessen Sohn Benjamin später in der Bundesliga für Eintracht Frankfurt kicken sollte. Rudi Rosenzweig jedenfalls kommentierte euphorisch: „Geradezu sensationell war der Einstand der blutjungen Siegmann und Hägler, die als 17-jährige Burschen mit der Erfahrung eines einzigen Regionalligaspiels kein Loch zurücksteckten (sic!) und ebenbürtig mithielten.". Siegmann? Richtig, Norbert Siegmann, später ein Bundesligacrack beim VfB Stuttgart, bei TeBe und vor allem Werder Bremen, begann bei Wacker 04 seine Laufbahn als bärenstarker Verteidiger. Als ich einen Text über Wacker 04 auf Facebook postete, wurde Siegmann darauf aufmerksam, und er schrieb darunter inklusive eines Fotos in meine Timeline: „Hallo, ihr Wackeraner. Icke bin och eehn Wackeraner. Berliner D-Jugend Meister. Berliner B-Jugend Meister und Pokalsieger. A-Jugend Vize Meister. Hertha Zehlendorf wurde in diesem Jahr Deutscher Meister mit Norbert Stolzenburg. Und dann in der Männer mit 17 Berliner Pokalsieger und in der Aufstiegsrunde zur Bundesliga 1! Bis bald mal wieder. Also Wackeraner!" So geht Treue zu dem Heimatverein…

Allerdings darf auch das hier nicht unerwähnt bleiben: Fanden zum Rückspiel gegen den Club immerhin noch 6.845 zahlende Zuschauer den Weg ins Stadion, kehrten nach der Niederlage gegen Düsseldorf (6000) immer mehr sogenannte Fans den Wackeranern den Rücken. Zum Spiel gegen St. Pauli erschienen nur noch 4466 Interessierte und gegen Neunkirchen lächerliche 500 Unentwegte. Die ich allerdings für die wahren Fans halte.

Klaus Basikow hatte mit Blick auf das Bundesliga Jubiläumsbuch „15:30" im Wacker-Casino ein Interview gegeben, in dem der Torhüter des Bundesligisten Tasmania 1900 hinsichtlich der dramatischen Rückläufigkeit der Zuschauerzahlen – aus 81.000 Zahlenden beim Eröffnungssieg wurden nach allerdings einer ansehnlichen Zahl von Niederlagen 1.500 – folgendes zu Protokoll gegeben hatte: „So isser, der Balina. Wenn Erfolg da is, kommt er. Wenn keen Erfolg da is, wirste fallen jelassen wie ‚ne heiße Kartoffel."

Im Jahr darauf, also 1972, wurde Wacker 04 zum ersten Mal in seiner Geschichte (endlich!) Berliner Meister. In der Aufstiegsrunde ging es dann gegen die Offenbacher Kickers, RW Essen, den FC St. Pauli und Röchling Völklingen. Nun hatte Wacker sogar im Berliner Olympiastadion anzutreten. Nach dem Poststadion eine weitere Spielstätte, mit der man nicht wirklich grün war. Warum nicht gleich, ein wenig Sarkasmus muss erlaubt sein, im Stadion Lichterfelde?! Im ersten Auswärtsspiel gegen Essen setzte es gleich eine saftige Niederlage. Mit 0:5 kam das Team unter den Augen von sage und schreibe 25.000 Essener Fans unter die Räder. Nach einem guten 1:1 gegen den FC St. Pauli vor 4.000 Berliner Zuschauern, gab es in Offenbach allerdings schon die nächste Klatsche (1:4). Gegen Völklingen, gegen das Wacker freilich mit 1:6 unterging, fanden nur noch 1000 Leutchen den Weg ins Stadion! Als die Messe in Sachen Aufstieg bereits gelesen war – schlussendlich machte Kickers Offenbach das Rennen –, kam es zum ersten von zwei Auswärtssiegen am Hamburger Millerntor (2:1), ehe das Team in Berlin wieder den Hintern von RW Essen versohlt bekam (0:4 vor 1.192 zahlenden Zuschauern). Im Anschluss an eine kleine ergebnistechnische Revanche – Wacker bezwang Röchling Völklingen auf eigenem Grund mit 3:2 –, gab es gegen die Offenbacher Kickers mit ihrem Goalgetter Erwin Kostedde eine derbe, aber letztlich völlig unerhebliche 0:6-Packung.

Außer Spesen nichts gewesen, könnte man den Verlauf dieser Aufstiegsrunde resümieren. Was Fritz Herz, alias „Mister Wacker 04", dann ja auch unmissverständlich getan hat. Wörtlich: „Die Aufstiegsrunde mit ihren teuren Reisen nach Saarbrücken (Röchling Völklingen), Offenbach, Essen und Hamburg brachten uns ein Defizit von 22.000 Mark." Die vier Heimspiele sahen insgesamt lediglich 9.892 Zahlende. Zwei Siege und ein Remis waren unter dem rein sportlichen Gesichtspunkt ja gar nicht so schlecht. Finanziell aber war und blieb das Ganze ein Desaster. Und der finanzielle Engpass gehört, der Wahrheit die Ehre, zu Wackers Geschichte genauso dazu wie der Senf zu den Buletten.

1973 vergeigte Wacker 04 am allerletzten Spieltag der Regionalliga Berlin die Verteidigung ihres Meistertitels. Während der neue Berliner Meister Blau-Weiß 90 Hertha 03 mit 4:2 niederrang, kam Wacker gegen Tennis Borussia mit 0:5 böse unter die Räder! Hinsichtlich der Tordifferenz hätte den Wackeranern ein lausiger Punkt zum Titelgewinn gereicht. Doch die Qualifikation zur dritten Teilnahme in Folge an der Bundesliga Aufstiegsrunde war dennoch im Sack. Nun ging es in Gruppe zwei erneut gegen Rot-Weiß Essen (diesmal packten die Männer von der Hafenstraße den Durchmarsch ins Oberhaus.) Dazu gesellten sich der VfL Osnabrück, der SV Darmstadt 98 und erneut Röchling Völklingen.

Das Moabiter Poststadion war nun wieder der ungeliebte Spielort. Einem Antrag auf Verlegung an den Heimspielort Wackerweg entsprach der DFB nicht. Ich sage bloß: Trenngitter und Duschkabinen für die Schiedsrichter...

Das erste Spiel, ein forsches 2:2 gegen RWE, sah Wackers im Sommer 1972 von Blau Weiß gekommenes Talent Rainer Liedtke verletzungsbedingt nur auf der Tribüne. „Ich saß da, mit Tränen in den Augen. Nicht helfen zu können, das hielt ich nicht aus. Die anderen Spiele der Runde ging ich dann nicht mehr ins Stadion, was mir Basikow etwas übelnahm, aber es ging einfach nicht." Wacker lag bereits 0:2 im Hintertreffen, aber Horst Lunenburg machte beide Treffer vor 7.000 Besuchern! Einer 1:2 Niederlage an der Bremer Brücke in Osnabrück folgte das Heimspiel gegen Röchling Völklingen. Wacker siegte mit 2:1 vor einer halbwegs soliden Kulisse (5000 Zahlende). Und auch vor den 15.000 Fans am Darmstädter Böllenfalltor bestand Wacker den Härtetest. 2:2. Immerhin! Es folgten Pleiten gegen Osnabrück (0:2 vor 2.593 Fans) und in Essen (3:0), sodass kam, was kommen musste: Im letzten Spiel gegen Darmstadt – die Quellen variieren hier – waren zwischen 1.200 und 1.400 Unentwegte zugegen. Wacker wurde, was wahr ist muss wahr bleiben, in der Summe Tabellenletzter.

Fritz Herz allerdings hatte zu diesem Zeitpunkt schon längst neue Ziele im Visier. Man gewinnt den Eindruck, als sei sein Tatendrang eher *gegen* Hertha BSC gerichtet gewesen, als dass er sich *für*

Wacker 04 eingesetzt hätte. Was aus seinem Blickwinkel vermutlich auf dasselbe hinausgelaufen ist... Bereits 1973 hatte er eine Fusion mit dem BFC Alemannia ins Auge gefasst. Die Alemannen besaßen an der Veltener Straße eine Riesenanlage. Darüber hinaus hatte Herz aber auch für eine SG der besten Regionalligisten plädiert. „Allein können wir es nicht schaffen. Aber ein starker Berliner Zusammenschluss müsste ein ernsthaftes Wort mitsprechen können", hatte er sich ein Jahr zuvor zu Wort gemeldet. Man gewinnt den Eindruck, als sei es seine Absicht gewesen, auf Biegen und Brechen Herthas Omnipotenz und -präsenz ein Ende zu bereiten. In Berlin?! Und ausgerechnet mit einer Fusion?! Zumal es alles andere als ein Geheimnis gewesen ist, dass der Berliner Senat in etlichen Fällen erwiesenermaßen immer nur Hertha BSC unter die Arme gegriffen hat. Wenn nämlich der Vorzeigeverein der Stadt mal wieder, wie in den Jahren 1965, 1971, 1985 etc., gestrauchelt war. Erst im Sommer 1994 machte man sich erneut herthaaffine Gedanken.

Und dann krachte es: Zwei Trainingsunfälle mit verheerenden Folgen – die Bundesligaträume starben plötzlich

Das Fußballjahr 1974. Deutschland ist Weltmeister und Wacker 04 steigt ausgerechnet wegen eines Berliner Fußballers nicht in die Bundesliga auf. *„We had joy, we had fun, we had seasons in the sun, but the stars we could reach, were just starfish on the beach."* Terry Jacks hatte im Mai 1974 einen Nummer-eins-Hit in Deutschland gelandet, und die Message seines traurigen Liedes passte auch zu Wackers ‚schicksalhaftem' Scheitern. „Die Sterne, die wir erreichen konnten, waren die Seesterne am Strand." „Jede Mannschaft hat neuralgische Punkte. Wenn zwei wichtige Spieler ausfallen, verletzt werden, ist vielleicht schon Feierabend." (Trainerlegende Max Merkel in seinem 1980 erschienenen Buch „Geheuert, gefeiert, gefeuert")
Was haben der Bundesligaskandal von 1971, ein Foto der FC Bayern Neuzugänge von 1973, die Liebe und der Nichtaufstieg von Wacker 04 in die Bundesliga 1974 miteinander zu tun?
Ich kann bei einer derart weit hergeholten Fragestellung das mutmaßliche Stirnrunzeln meiner Leser und Leserinnen gut nach-

vollziehen. Denn auf den ersten Blick scheint nichts mit gar nichts zusammenzuhängen.

Zwar bin auch ich kein Freund der Hypothese, dass irgendwie alles mit allem zusammenhängt, aber in diesem speziellen Fall besteht sehr wohl ein Zusammenhang, der sich an einer simplen Kette von Ereignissen festmachen lässt. Der Reihe nach. Der Bundesligaskandal von 1971, als Spiele verschoben wurden, und sogar Nationalspieler für lumpige 2.000 DM ihre sportliche Ehre an der Garderobe abgaben, indem sie Spiele absichtlich verloren. Ein involviertes Team war Eintracht Braunschweig. Bekanntermaßen waren die Braunschweiger ein Gründungsmitglied der Bundesliga 1963 und waren 1967 sogar Deutscher Meister geworden. Eine großartige Zukunft schien dem Team von der Hamburger Straße beschieden. Pustekuchen! Denn auf das Verschieben von Kicks hatte sich letztlich die ganze Mannschaft eingelassen. Jedenfalls wurden folgende Akteure vom DFB ihres ,unsportlichen Verhaltens' wegen bestraft. Spielmacher und Goalgetter Lothar Ulsaß wurde für die Zeit vom 7. August 1971 bis zum 1. Januar 1973 gesperrt. Am 16. August 1972 bekam er die Freigabe für einen Wechsel ins Ausland. Horst Wolter, Wolfgang Grzyb, Peter Kaack, Franz Merkhoffer, Bernd Gersdorff, Klaus Gerwien, Rainer Skrotzki, Eberhard Haun, Jaro Deppe, Dietmar Erler, Friedhelm Haebermann (späterer Jugend-Auswahltrainer von Berlin), Joachim Bäse und Michael Polywka wurden alle zu einer Geldstrafe in Höhe von 4.400 DM verdonnert. Stammspieler Max Lorenz musste 2.200 DM berappen und wurde für die Zeit vom 15. Januar 1972 bis zum 31. März 1973 gesperrt. Last but not least wurde Burkhardt Öller vom 9. Februar 1973 bis zum 8. Mai 1973 gesperrt und pekuniär ging es ihm zusätzlich mit 2.000 DM ans Leder.

Nun waren diese vergleichsweise mickrigen Geldbußen wahrlich nicht so gravierend, um eine funktionierende Einheit ins Wanken zu bringen. Was so nicht ganz richtig ist. Denn dass Max Lorenz und vor allem der treffsichere Lothar Ulsaß, der die Eintracht 1967 nicht nur zum Meister geschossen, sondern in besagter Saison 1970/71 satte 18 Tore eingenetzt hatte, für eine geraume Zeit nicht mehr auflaufen durften, das machte sich denn doch nachteilig bemerkbar. Im Abstiegsjahr 1973 trafen die Spieler der Eintracht nämlich ohne Ulsaß in 34 Bundesligabegegnungen nur noch 33-mal ins Schwarze, was den Abstieg zur Folge hatte.

Für Bernd Gersdorff jedenfalls war der Bundesligaskandal einer der Hauptgründe für den damaligen Abstieg: „Als Max Lorenz und Lothar Ulsaß gesperrt wurden, kam viel Unruhe in den Verein." Eintracht-Präsident Fricke hielt direkt nach dem Absturz in die Zweitklassigkeit eine bewegende Rede, in der er die Spieler zum Verbleib im Verein überreden wollte. Alle Spieler willigten prompt ein. Nur der gebürtige Berliner Gersdorff, den man heute leicht mit Rudi Völler verwechseln kann, zögerte und erbat sich ein wenig Bedenkzeit. Da flatterte passenderweise ein Angebot des großen FC Bayern herein. Der amtierende Deutsche Meister wollte auf den damals 26-Jährigen setzen. Und so kam es dann ja auch. Auf dem Foto der Neuzugänge des FC Bayern München aus dem Sommer 1973 waren u. a. zu sehen: Erwin Hadewicz, die wohl nur Super-experten bekannten Reservetorhüter Walter Modick und Hugo Robl, Jupp Kapellmann (für viel Geld dem 1 FC Köln abgeluchst) und Norbert Ivangean, ein 18-jähriger Jugendnationalspieler aus Berlin-Mariendorf, der ein Jahr später zu Wacker 04 in die 2. Liga wechseln sollte.

Kicker Reporter Helmut Dirschner erläuterte im Sonderheft vom Sommer 1973 die Beweggründe des FC Bayern, dem es damals vor allem um den Gewinn des Europapokals der Landesmeister ging: „Die Münchner haben sich diesmal mit Kapellmann und Gersdorff gleich zwei bundesligaerfahrene Spieler geholt und sich damit wohl entscheidend verstärkt." Die Bayern, die vor allem über die Achse Maier, Beckenbauer und Müller operierten, wollten ihr Aufbauspiel dadurch variabler machen, dass die Außenbahnen mit entsprechenden Spielern besetzt wurden. „Beckenbauer muß ja immer Müller suchen, weil wir keine Außen haben", zitierte Dirschner ein seinerzeit geflügeltes Wort an der Säbener Straße. Wunschkandidat Helmut Kremers von Schalke 04 hatte den Münchnern abgesagt. „Die Münchner mußten mit dem Berliner Jugend-Nationalspieler Ivangean vorliebnehmen, der beim UEFA-Turnier in Italien arg enttäuschte." Norbert Ivangean kickte von 1974-1977 für Wacker 04 in der 2. Bundesliga und erzielte in 63 Spielen mickrige vier Törchen. Mit dieser bescheidenen Quote hätte er bei den Bayern ganz sicher nicht Fuß gefasst. Rainer Zobel sollte nun über die rechte Außenbahn kommen und Gersdorff über links. So der Plan.

Damit wäre eigentlich alles „erledigt" gewesen, denn warum sollte dieser flinke Linksaußen es bei den Bayern nicht schaffen? Er absolvierte die ersten 12 Spiele unter Trainer Udo Lattek und traf in Kaiserslautern gleich zweimal in einer Partie! Doch genau dieses Spiel war entscheidend dafür, dass Bernd Gersdorff nur fünf Monate für die Bayern kickte. Denn ihm wurde ausgerechnet in diesem Match die Rote Karte gezeigt, was zur Folge hatte, dass die Münchner, trotz der zwischenzeitlichen 2:0-Führung, auf dem gefürchteten Betzenberg noch mit 7:4 abgewatscht wurden. Das Unheil nahm seinen Lauf, als Udo Lattek Gersdorff nach dem EC-Cupspiel bei Dynamo Dresden der Presse sozusagen zum Fraß vorwarf. Gersdorff hatte ein ums andere Mal einen Gegenspieler auf seiner eigentlich angestammten Seite nicht an gefährlichen Sturmläufen gehindert. Wie auch, da er in diesem Spiel von seinem Trainer in zentraler Position eingesetzt worden war...

Doch vor allem die Liebe gab den Ausschlag, dass Gersdorff seine Zelte in München vorzeitig abbrach. Auch wenn ihm Manager Robert Schwan zunächst Steine in den Weg legte. Gersdorffs Ehefrau war bei seinem Wechsel zu den Bayern in Braunschweig zurückgeblieben, so dass er sich im Anschluss an jedes Bundesligaspiel auf den Weg zu der Liebe seines Lebens machte. Was auf die Dauer natürlich kein Zustand sein konnte. Also erbat er die Freigabe für eine Rückkehr zu seiner Eintracht. Wäre aber der prinzipiell wenig gesprächsbereite Bayern-Manager auch in diesem Fall stur geblieben, wäre Wacker 04 eventuell doch in die 1. Bundesliga aufgestiegen. Wie das, und was hat das eine mit dem anderen zu tun? Aufgepasst: Die sieben Treffer in der 1974er Aufstiegsrunde wie auch die zuvor erzielten 35 Ligatreffer in nur 19 Spielen ließen Gersdorff, den Braunschweig für 280.000 DM re-engagiert hatte, zum Aufstiegsgaranten für die Eintracht werden.

Nun ist es ja nicht bloß im Fußballsport gang und gäbe, den Konjunktiv zu bemühen. „Hätten wir in der 11. Minute die Führung erzielt..." „Wäre Spieler X nicht gesperrt gewesen..." „Hätte der Schiri auf Elfmeter für uns entschieden..." Beliebt ist auch die Haltung des Nostalgikers, der sich den aktuellen Gegebenheiten nicht stellen will. „Wir" waren doch Pokalsieger oder Meister. Wann war das noch einmal? 1982. Wie die Zeit vergeht. Und kaufen kann man sich dafür ja eigentlich auch nichts. Die Fans von 1860 München,

Eintracht Braunschweig, Schalke 04 oder dem HSV leben teilweise in dieser Parallelwelt des frommen Selbstbetrugs. Was den ‚großen‘ Vereinen recht ist, kann den Wackeranern billig sein. Im Jahr 1973 war ein pfiffiger Architekt auf die grandiose Idee gekommen, den Wacker-Platz zu einem Zuschauermagneten machen zu wollen. Laut Autor Lutz Rosenzweig von der „Fußball-Woche" sollte am Wackerweg Revolutionäres geschehen. „Ein abenteuerlich klingender Plan kam in Reinickendorf bei Wacker auf. Ein Architekt namens Eggenweiler legte ein Projekt vor, auf dem Wacker-Platz ein Sporthotel zu errichten. Mit großzügiger Bestückung, u.a. 232 Betten, Tribüne für den Platz, Baubeginn 1974, Kostenpunkt 20 Millionen Mark. Der Wacker-Platz sollte auf ein Fassungsvermögen für 20000 Zuschauer gebracht werden..." Klingt verdammt, ich sage bloß frommer Selbstbetrug auf der Basis von Wunschdenken, nach dem Größenwahnsinn eines Bundesliga-Aufstiegs-*Aspiranten*, der auch den Auswärtsfans etwas bieten wollte, weil die nämlich in dem angeschlossenen Hotel im Anschluss an das Spiel an Ort und Stelle hätten übernachten können. Vor allem aber: Wie hätte das Großprojekt finanziert werden sollen, da doch weder beispielsweise der Schering Konzern noch der Berliner Senat zu einem relevanten pekuniären Engagement bereit waren?! Was hinsichtlich Schering sogar ein Euphemismus ist. Als es in den Jahren 1978/79 dann doch zu einer großzügigen Bezuschussung durch den Senat kam, war es dafür allerdings schon längst zu spät.

Zurück ins Jahr 1974. Wacker 04 war stark in die Bundesliga Aufstiegsrunde gestartet, obwohl die vier Kontrahenten nicht ‚von Pappe‘ waren. Ohne Gersdorffs Treffer für Braunschweig in der Regionalliga Nord wäre wohl der FC St. Pauli in die Gruppe mit Wacker gekommen. Ein Gegner, den man ja bereits schon einmal am Millerntor besiegt hatte. So aber waren es neben Eintracht Braunschweig der 1. FC Nürnberg (noch ein Deutscher Meister von einst), Wattenscheid 09 und der 1. FC Saarbrücken, auf den die 04er im heißen Mai 1974 treffen sollten. Und der Auftakt des Gerangels um die begehrten Aufstiegsplätze war fulminant. Wacker 04 bezwang die Saarländer auswärts überraschend mit 1:0, während Braunschweig mit demselben Resultat in Nürnberg vor 58.000 Zuschauern unterlag.

Am zweiten Spieltag der Gruppe 1 bebte das Poststadion. Nicht nur, dass der große Favorit Braunschweig daheim dem Bochumer

Stadtteilverein Wattenscheid 09 mit 2:3 unterlag (deren Coach war übrigens Karl-Heinz Feldkamp), auch Wacker 04 wuchs an jenem denkwürdigen Sonntag förmlich über sich hinaus. 5:0 hieß es beim Schlusspfiff in Berlin-Moabit gegen den damaligen amtierenden Deutschen Rekordmeister! In einer FCN-Vereinschronik heißt es dazu: „Mit 0:5 verlor eine völlig aus den Fugen geratene Mannschaft bei Wacker 04 Berlin. Dieter Nüssing erinnert sich: ‚Man darf nie mit 0:5 gegen Wacker Berlin verlieren. In Berlin war's sehr heiß, die Mannschaft war irgendwie wie gelähmt. Bevor wir richtig auf dem Platz waren, hatten wir schon ein haltbares Tor drin. Wir waren laufend überlegen, aber ohne große Torchancen. Hinten haben wir immer mal einen Fehler gemacht, und immer wieder hat's geklingelt'."

Alles was recht ist, das sind schon ziemlich merkwürdige Ansichten eines Top-Spielers. Denn auch Wacker spielte ja unter derselben Sonne. Vor allem aber: Wer mit 5:0 untergeht, soll trotzdem die bessere Mannschaft gewesen sein?! Und schließlich, die Dinge wiederholten sich. Dieter Nüssing war drei Jahre zuvor schon einmal mit dem Club bei Wacker unterlegen. 2:3 hatte es schlussendlich in der Bundesligaaufstiegsrunde am 2. Juni 1971 geheißen, trotz einer 2:1 Halbzeitführung der Clubberer. Wie auch immer, Wacker wurde beim Rückspiel dann doch böse in die Mangel genommen... Aber dazu später mehr.

Der Koffer mit dem Geld ging nicht zu

Das Spiel gegen den Club hatte bereits vor dem Anpfiff für gehörig Unruhe gesorgt. Wacker-Mittelfeldmann Rainer „Ratze" Liedtke hat mich über die Zusammenhänge in einem Berliner Café aufgeklärt: „Wir hatten zwar gehofft, dass einige Zuschauer kommen (Wacker 04 hatte in der Regionalligasaison 1973/74 ja zumeist nur etwa 1.000 Zahlende, Anm. d. V.), aber nicht so viel. Wir saßen in der Kabine und hatten uns noch gar nicht umgezogen, da hörten wir draußen eine Unruhe aufkommen und öffneten die Kabinenfenster. Und in dem Moment stürmte unser stellvertretender Vorsitzender Kurt Tonndorf in unsere Kabine herein. Er rief immer aufgeregter ‚Das halte ich nicht aus!' Dann ging er zur Massagebank, wo bereits

Dinge draufstanden, und schmiss alles einfach auf die Erde. Na, und Klaus Basikow zürnte und fragte ihn, ob er denn eine ‚Macke‘ hätte. Aber Tonndorf klagte aufgeregt sein Leid: ‚Ich weiß nicht, wohin mit dem ganzen Geld! Wir haben ja nicht einmal eine abschließbare Kasse dabei!‘ Das war ja so: Es gab im Poststadion zwei Eingänge, und da öffneten wir wohl je eine Kasse. Der Andrang war aber so stark (es wurden 13.900 Zahlende!), dass man Wacker-Leute mit Rollen vor die Tür stellte, die einfach das Eintrittsgeld bar in ihre Jacken steckten. Jedenfalls saß er dann im Kassenhäuschen auf der Tasche und oben schauten die Geldscheine noch heraus. ‚Einer muss die Polizei holen, die Polizei muss kommen!‘, rief er da unentwegt, (lacht). Weil er nicht wusste, wie das Geld in Sicherheit zu bringen sei. Es ging aber alles gut.“ Wir wollen natürlich keiner verstorbenen Person an den Karren fahren und nicht zu sehr ins Detail gehen, aber der Abend ging dann mit dem besagtem Geldkoffer noch weiter. Dieser landete neben Herren aus der Wacker-Riege in einem „Etablissement“. Dort wurde zwar einem Vorstandsherrn das Portemonnaie entwendet (er war wohl vermutlich gerade schwer beschäftigt), jedoch der Koffer mit dem Geld blieb „Rotlicht-bestrahlt“ unangetastet stehen und konnte später in Sicherheit gebracht werden. Das war ja immerhin Geld für die künftigen Transfers! Was für Zeiten… Der anschließende Sieg war wohl die Sternstunde der Wacker 04-Geschichte schlechthin.

Rudi Rosenzweig legte sich beim Abtippen des Spielberichts mächtig ins Zeug: „Zum Schluss schoben sich die Lila-Weißen wie auf dem Trainingsplatz schubbernd das Bällchen zu und erhielten von den begeisterten Zuschauern im Poststadion prasselnden Beifall. Ein großer Tag für den Berliner Fußball. Balsam auf die Wunden der Vergangenheit. (…) In dieser Wackerelf gab es keinen schwachen Punkt. Da zeigte es sich, wie viel diese Wackerelf in den letzten drei Jahren doch zu gelernt (sic!) hat. Bei der ersten Aufstiegsrunde noch Prügelknabe, nur mit einem Achtungserfolg über den damals ungleich stärkeren 1. FC Nürnberg (ebenfalls im Poststadion!) aufwartend, dann zwei Jahre immer besser mitspielend, und nun nach zwei Spieltagen mit 4:0 Punkten vorn. Ohne Gegentor! Wer hätte das gedacht? Der Wahrsager wird allerdings erst in dieser Woche kommen mit dem Donnerstagspiel bei den zum Favoriten avancierten Wattenscheidern. (…) Aber was soll’s,

Wacker hat bisher schon viel für die Reputation des vielgeschmähten Berliner Regionalligafußballs getan."

Auch sein jüngerer Bruder Lutz Rosenzweig hielt mit seiner Meinung in einem Artikel zum Spiel nicht hinterm Berg. „Wacker zog Passagen über das Feld, daß die ob dieser Entwicklung verblüfften Zuschauer bald aus dem Beifall nicht mehr herauskamen. (…) In den letzten Minuten begleiteten die Zuschauer das Ballgeschiebe der total überlegenen Wackeraner mit Ovationen!" Und unter der Headline „Sobeck gelang alles" (Bernd Sobeck hatte gerade erst sein Lehrerdiplom erworben) ging er wie gewohnt konkret auf entscheidende Spielsituationen ein: „Als zehn Minuten nach Halbzeit Liedtke den konsternierten Neef mit einem haltbaren Aufsetzer zum 3:0 bezwungen hatte, schickte Club-Trainer Tilkowski spontan den Reservetorwart Schweers aufs Feld. Der dünne Ersatztormann war aber kaum besser und verursachte großes Gelächter beim fünften Tor." Nürnbergs Sportdirektor, der weithin bekannte Franz Brungs, äußerte sich nach dem Spiel ausgesprochen sportlich: „Ich erkannte die Wackermannschaft, die ich aus meiner Berliner Zeit bei Hertha BSC gut kannte, einfach nicht wieder. Hier wurde kombiniert. Einer kämpfte und lief für den anderen. Eine Freude, diese Truppe mit so viel Spielwitz und Einsatzfreudigkeit spielen zu sehen. Für Berlin freut mich das ehrlichen Herzens." Klaus Basikow schließlich blies ins gleiche Horn: „Warum soll ein Trainer nicht auch einmal sagen, daß er nicht nur zufrieden, sondern sogar glücklich ist." Doch das Glück ist seit jeher ein zerbrechliches, flüchtiges Ding. Das wurde alsbald jedem Wackerfreund brutal vor Augen geführt.

Jedenfalls war Wacker nach dem 2. Spieltag mit 4:0 Punkten und 6:0 Toren alleiniger Tabellenführer, und die Bundesliga war plötzlich greifbar nah. Dreimal nacheinander waren sie in den Aufstiegsrunden 1971, 1972 und 1973 gescheitert; einmal kläglich (1971 mit 2:14 Punkten), zweimal halbwegs anständig (1972 und 1973 mit je 5:11 Punkten). War nun die Zeit für die Veilchen des Nordens gekommen? Würde Kaiser Franz Beckenbauer bald seine Sporttasche am Wackerweg aus dem Mannschaftsbus hieven? Das lag durchaus im Bereich des Möglichen, denn auch im Lorheide-Stadion in Bochum standen die Lila-Weißen ihren Mann. An einem Donnerstagabend erreichten sie ein 1:1 bei SG Wattenscheid 09. Vor Respekt einflößenden 20.000 (!) Besuchern.

Wacker 04 bestand den Härtest mit folgender Formation: Scholich, Sobeck, Bien, Hansen, Krüger, Altendorff, Müller, Mielke, Lindner, Liedtke, Lunenburg. Lunenburg hatte gleich nach der Pause in der 46. Minute den Ausgleich erzielt. Basikow hatte während der 90 Minuten keinen einzigen Wechsel vorgenommen. Reinhard Lindner übrigens, hauptberuflich als Lehrer tätig, konnte nur deshalb Teil des Teams sein, weil ihn seine Kollegen an der Schule vertraten...

Spielfrei hatte an diesem Donnerstagabend Wackers nächster Kontrahent, der Gruppenfavorit Eintracht Braunschweig. Was sich für die Blau-Gelben als Vorteil herausstellen sollte. Nach der Rückkehr aus Bochum kam es Ende der Woche vor dem entscheidenden Sonntagsspiel am 19.5.1974 im Poststadion gegen die Braunschweiger Eintracht zu zwei folgenschweren Trainingsunfällen bei einer Trainingseinheit am Wannsee. Zunächst verletzte sich in einem eigentlich doch harmlosen Trainingsspiel Wackers Spielgestalter Mielke. Nicht erst seit Trainer Werner Lorant weiß der Fußballfachmann: „Wie ich trainiere, so spiele ich!" Dumm nur, dass das Malheur sich unmittelbar vor dem Finale um den Einzug in die Bundesliga ereignete! Mielke trug einen Bänderriss davon. Kurze Zeit später stieß bei einer Flanke Sobeck mit Scholich zusammen, was eine längere Behandlungspause und den verletzungsbedingten Ausfall des Liberos Sobeck zur Folge hatte. Im Spiel gegen Braunschweig schließlich erlitt Reinhard Lindner wegen der großen Hitze einen Kreislaufkollaps... Bernd Sobeck und Spielmacher Hans-Peter Mielke fielen also gegen die Löwen aus Braunschweig aus. Scholich war zwar verletzt, spielte aber trotz einer gebrochenen Rippe (!). Wackers Erfolgstrainer Klaus Basikow jedenfalls schwante Böses direkt im Anschluss an die denkwürdige Trainingseinheit: „In dem Moment wusste ich, dass es vorbei ist."

Für Mielke spielte John. Für Sobeck kam Hemfler in die Mannschaft. 25.000 Besucher füllten die Traversen im altwehrwürdigen Poststadion. In einer Eintracht Braunschweig-Chronik heißt es zum Spiel: „Der Auftritt im altehrwürdigen Poststadion gegen die nach drei Partien noch immer unbesiegten Berliner war die letzte Chance für die Eintracht. Ein weiterer Fehltritt hätte das endgültige Ende aller Aufstiegsträume bedeutet. Und nach nur vier Minuten lag Eintracht schon wieder zurück. Doch die ausgeruhten Gäste (Eintracht war im Gegensatz zu Wacker drei Tage zuvor spielfrei gewesen) kamen zurück. 3:1 (1:1) hieß es am Ende. Bernd Gersdorff schoss in seiner Heimatstadt nach der Pause die beiden entscheidenden Treffer heraus. Und Torhüter Bernd Franke erklärte: „Nach dem 0:1 dachte ich, alles ist aus."

Hier kommt dann wieder unweigerlich der schnöde Konjunktiv ins Spiel. Hätte eine ausgeruhte, vollzählige Wacker-Mannschaft das 2:0 erzielt... Dann, ja dann...

Reporter Rudi Rosenzweig übrigens hatte irrtümlicher Weise das Spiel ins Mommsenstadion verlegt, wo freilich 25.717 Zuschauer überhaupt nicht hineingepasst hätten. Basikow resümierte nach dem Spiel: „Mehr war nicht drin, angesichts der Schwächung meiner Mannschaft. Hätten wir Sobeck und Mielke dabeigehabt, wären die ersten beiden Tore, beides Kopfbälle, nicht gefallen. Unsere Reserviertheit nach der Pause war nicht abgesprochen, aber meine Spieler konnten nicht mehr."

So aber passierte, was Basikow bereits zu ahnen schien: der unaufhaltsame Niedergang war eingeläutet, der mit einer 1:9 Klatsche vor 46.000 (!) Zuschauern im Städtischen Stadion zu Nürnberg seinen traurigen Höhepunkt finden sollte. Am darauffolgenden Spieltag besiegte die Eintracht den Club mit 2:0, während Wacker Saarbrücken mit 0:1 unterlag. Völlig unnötig, da die Saarländer von insgesamt acht Spielen nur dieses eine gewannen, und Wacker sie ja daheim bereits bezwungen hatte. Wer kein Glück hat, bei dem kommt dann auch noch das Pech dazu. 2:1 ging das Rückspiel in Braunschweig aus. Das zweite und also entscheidende Tor durch Gersdorff – und von wem auch sonst – kassierten sie durch einen Elfmeter, der nach Ansicht von Rainer Liedtke überhaupt keiner war: „Das war der einzige Elfmeter, den ich in meiner Wacker-Zeit verschuldete. Echt kurios; eine Flanke kommt in unseren Strafraum. Ich schaue nur auf den Ball, steige hoch und dann knallt es plötzlich. Als ich wieder einigermaßen klar bin, sehe ich, wie ich mit dem Braunschweiger Dremmler zusammen am Boden liege... Und dann pfiff der Schiedsrichter Elfmeter... Mir unerklärlich."

Bei dieser Gelegenheit mal was Prinzipielles. Es geht mir um das ‚sportliche Missverhältnis' in so einer Aufstiegsrunde. Eintracht Braunschweig spielte von 1963 bis 1973 ununterbrochen in der Bundesliga und wurde, wie erwähnt, 1967 sogar Deutscher Meister. Infrastruktur, Sponsoring und Fan-Aufkommen befanden sich im Vergleich zu Wacker folgerichtig auf einem ungleich höheren Niveau. Den ersten richtigen Wacker Fan-Club habe ich 1991 gegründet. Nicht viel anders verhält es sich mit dem fränkischen Zuschauermagneten, dem 1. FC Nürnberg, der damals den Aufstieg verpasste, weil nur der jeweilige Gruppensieger, in dem Falle also Braunschweig, aufstieg. Dazu sei noch erwähnt, welche Rolle die Eintracht im Folgejahr spielte. Sie verstärkten sich nur mit Jürgen Weber und Wolfgang Frank und holten den Supertrainer Branko Zebec an die Hamburger Straße. Am Ende der Spielzeit standen sie auf dem neunten Tabellenplatz, und zwar noch vor dem FC Bayern München! 1974/75 lag der Zuschauerdurchschnitt bei 22.934. Der Vizemeister Hertha BSC Berlin musste sich, was das anging, den Braunschweigern geschlagen geben. Bei einem Bundesligaaufstieg Wackers 1974 hätte Berlin zwar drei Erstligisten gehabt. *Aaaaber:* Wie viele wären durchschnittlich zu Wacker gekommen? Ich schätze mal so um bei 3.000.

Apropos Zuschauer. Die soeben zusammengefasste spannende Aufstiegsrunde, die im Endeffekt fairer war als irgendwelche Relegationsspiele aus der Gegenwart, offenbarte, wie sehr Berlins Fußballpublikum nur und ausschließlich am Erfolg orientiert war. Blieb der aus, blieb der Durchschnittsfan lieber gleich zu Hause. 13.900 Besucher gegen Nürnberg, das war zweifelsfrei großartig. Die 25.000 gegen Braunschweig waren schier sensationell. Nach den zwei Klatschen kam es zu einem dramatischen Zuschauerschwund. Und nach dem desaströsen 1:9 in Nürnberg erschienen tatsächlich nur noch 1.000 Unentwegte gegen Saarbrücken (0:1). Im letzten Spiel gegen Wattenscheid schließlich, das immerhin mit 3:2 gewonnen wurde, verirrten sich lediglich 500 (!) Zuschauer ins Poststadion.

Exkurs: Wie heißt die Liga bitte? Deutschlands Fußballligen im Wandel

Die Umwälzungen, die der deutsche Fußballsport sowohl im Profi- als auch im Amateurbereich miterlebt hat, sind immens. Wacker 04 kickte beispielsweise allein zwischen 1963 und 1992 in sieben verschiedenen Ligen! Vertragsliga (bis 1963), Regionalliga Berlin (1963–1974), 2. Bundesliga (1974–1977 und 1978/79), Oberliga Berlin

(1977/78, 1979–81 und 1987–1991), Landesliga Berlin (1981–1987), Oberliga Nordost (1991/92), Verbandsliga Berlin (1992–1994).

Das Folgende bietet einen Überblick darüber, ab wann es welche Spielklasse gab, und welche Vor- und Nachteile (für die Vereine) daraus erwuchsen. Für Wacker 04, aber auch für zahlreiche andere Vereine, die sich im Grunde zwischen Pest (Verschuldung auf Teufel komm raus) und Cholera (Abtauchen in die Fußball-Provinz auf alle Zeit) zu entscheiden hatten, und deshalb fast zwangsläufig jeweils die falsche Entscheidung trafen.

Im kleinen Dänemark hatte es beispielsweise erst 1978 die Einführung des Profifußballs gegeben. Eine sogenannte „5 Öre Liga", in welcher der Spieler zwar Geld bekam, aber nicht in der Größenordnung eines echten Profis (siehe mein Buch „Morten Olsen baut auf Sand", S. 36ff.). Eine landesweite zentrale Liga hatte es zwar schon ab 1929 gegeben (mit Clubs aus Aalborg, Kopenhagen, Odense oder Horsens). Da jedoch in der dänischen Nationalelf nur Amateure spielen durften, war der Verband DBU zu diesem Schritt praktisch gezwungen worden, weil alle guten Kicker seit den 1950er Jahren vor allem in Italien, später in Belgien, Deutschland oder Holland ihr Geld verdienten. Wollte man also in den EC Cups und mit dem Nationalteam nicht hoffnungslos ins Hintertreffen geraten, war man gezwungen zu handeln.

Nicht viel anders sah es in der Bundesrepublik Deutschland aus. Die Reformen des DFB in Richtung Profifußball liefen in den frühen 1960er Jahren mehr oder weniger in drei Schritten ab. Just in *dem* Jahr, als Deutschland 1962 bei der Weltmeisterschaft in Chile bereits im Viertelfinale scheiterte (mit Kickern wie Haller, Szymaniak und Schnellinger, die zwischen 1961 und 1963 nach Italien aus pekuniären Gründen übergesiedelt waren), beschloss man, um international konkurrenzfähig zu bleiben, als ersten notwendigen Schritt die Einführung der Bundesliga ab der Saison 1963/64. Die finanziellen Mauscheleien mit verdeckten Handgeldern und Scheinarbeitsplätzen (Spieler der 1950er Jahre waren oft wenigstens bei einer Firma, die beispielsweise einem Sponsor respektive dem Vereinsboss gehörte, pro forma halbtags angestellt) waren damit scheinbar Geschichte. Immerhin, ein erster Schritt in die ‚richtige' Richtung war gemacht. Allein dadurch, dass ein Profi nun 1.200 DM an Festgehalt pro Monat einstreichen durfte, was zusammen mit allfälligen Prämien sich dahingehend summierte, dass er sich voll und ganz auf den Sport konzentrieren konnte.

Der zweite Schritt auf dem Weg in Richtung Professionalität war die Einführung der Zweiten Fußball Bundesliga 1974, zu deren Gründungsmitgliedern bekanntlich Wacker 04 gehörte. Zuvor hatten die ersten zehn Regionalligateams in zwei Gruppen um den direkten Aufstieg in die Bundesliga gekickt. Der dritte Schritt passierte dann im Oktober 1978, als auf dem DFB-Bundestag in Saarbrücken der Amateurbereich reformiert wurde, und es danach bundesweit nur noch acht Oberligen gab. Die Situation sah also 1974/75 folgendermaßen aus: Die 2. Bundesliga war zunächst zweigleisig, mit jeweils 20 Clubs in einer Nord- und einer Südstaffel. Ab 1981 wurde die 2. Bundeliga dann eingleisig, aber das spielt für diese Wacker 04 Vereinschronik schon keine Rolle mehr.

Was zunächst klug und richtig schien, hatte aber seine Tücken. Aus der 2. Liga abgestiegene Vereine befanden sich dann nicht selten im freien Fall. Denen war dann nämlich der Gang in den provinziellen Feierabendfußball, der Oberliga hieß, nicht nur aufs Gemüt, sondern auch auf den Geldbeutel geschlagen.

Jedenfalls gab es bei Einführung der 2. Bundesliga 17, und weil Westfalen zwei Gruppen hatte, im Grunde 18 (!) Amateur Oberligen. Man denke nur an die Oberliga Schwarzwald-Bodensee, in der so illustre Vereine wie der FC Taiflingen, SV Weingarten, die SpVg Kreßbronn oder der FC Wangen lediglich um die Ehre spielten. Besonders bitter lief es aber für Borussia Neunkirchen, die vom ehemaligen Wacker-Trainer Zeljko Cajkovski 1969 noch in der Bundesliga gecoacht worden waren. Nach deren Abstieg aus Liga 2 im Jahr 1975 ging es in die Oberliga Saarland. Aber mit Teams wie Dudweiler, Theley, Ensdorf, Weiskirchen oder Auersmacher – das waren sogar die Vereine der tabellarischen Elite – war natürlich kein Staat in Sachen Einnahmen und Sponsoring zu machen. Neunkirchen, wo einst der Vater von Stefan Kuntz in der Bundesliga Stürmer gewesen war, verschwand also binnen weniger Jahre komplett von der Profifußballbühne. Somit war natürlich ein weiterer Schritt vonnöten, der es vor allem Titelträgern der Oberliga ohne Qualifikationsanstrengungen ermöglichen sollte, in die 2. Liga aufzusteigen.

Doch kehren wir zu SC Wacker 04 zurück. 1978/79 hatte man ja noch einmal Zweitligaluft schnuppern können, doch zwei Spielzeiten später war selbst die Oberliga Berlin nicht mehr sportlich zu halten. 1980 waren sie noch vorzeigbarer Dritter gewesen, 1981 fanden sie sich auf Tabellenplatz 15 wieder. Landesliga – ein Wort wie ein Fausthieb in die Magengrube – war für sechs unendlich lange Jahre die Heimstatt für einen Verein, der sich einst aufgeschwungen hatte, der großen Hertha Paroli zu bieten und darüber hinaus hörbar an die Tür zur Bundesliga angeklopft hatte. Der Kameradschaft in der neugebildeten Mannschaft tat dies aber keinen Abbruch, wie mir der leider auch bereits verstorbene Dauerplatzwart und häufige Co-Trainer Frank Ott einmal mitteilte: „Das war die beste Zeit. Nach jedem Spiel saßen wir hier im Wacker-Casino mit allen Spielerbräuten zusammen und feierten." Jedenfalls schaffte es ausgerechnet der langjährige Spitzenprofi Rainer „Ratze" Liedtke, das Team 1987 zurück in die Oberliga Berlin zu führen. Dort übernahm dann der sehr fähige Trainer Bernd Erdmann die Mannschaft und führte sie sofort auf Rang vier. Vor der Saison hatte Wacker Präsident Bittroff das Saisonziel „Klassenerhalt" ausgegeben, während Erdmann schon einen soliden Mittelfeldplatz anvisiert hatte.

Im August 1987 hing zu Beginn der Oberligasaison der Himmel voller Geigen am Wackerweg. Wacker schlug Hertha BSC (wohlgemerkt, die *richtige* Mannschaft, nicht deren zweite Garde!) mit 2:1 und stand vorübergehend auf Platz eins der Oberliga Berlin. Mehr als 4000 Besucher waren bei diesem Spiel zugegen, und es kribbelt noch heute in der Magengegend, wenn ich an diesen in doppelter Hinsicht sonnigen Abend denke. Dass die Hertha-Hooligans danach die Scheiben der Wacker Geschäftsstelle einschlugen, ist nicht mehr als eine Randnotiz.

Der Club hatte jedoch letztlich mit Zitronen gehandelt. Soll heißen, viele der damals Aktiven hatten ihren Zenit bereits überschritten. Man denke nur an Peter Fraßmann. Es war natürlich ‚stark‘, dass er nach zehn Jahren unter Profibedingungen der Zweitklassigkeit mit 30 Lenzen unsere Farben trug, und Spiel für Spiel seine einstige Klasse mehr als bloß aufblitzen ließ. Aber Zukunft sieht dann doch anders aus. Zumal der erstklassige Libero und spätere Hertha-Profi Dirk Geiser auch kein Spieler war, den man dauerhaft für die Oberliga begeistern konnte. Angreifer Michael Hohner wechselte 1988 zu Borussia Mönchengladbach; für die Fohlen ist er dann allerdings kein einziges Mal (!) aufgelaufen. Deswegen kehrte er, vermutlich nicht wenig genervt, zurück nach Berlin, und spielte fortan bei anderen Berliner Vereinen. Christian Neidhart kickte lediglich von Januar bis Juni 1988 für Wacker in der Oberliga, ehe er ablösefrei eine Anstellung bei einem höherklassigen Verein fand.

Vor allem aber: Mit wessen Geld wollte man höhere Ziele ins Visier nehmen? Ungeachtet dessen, dass die Ablösesumme für die eben erwähnten drei herausragenden Spieler gar nicht so niedrig gewesen sein dürfte... Mit Tennis Borussia und dem Spandauer SV existierten ja zwei Clubs, die stets solvente Geldgeber an ihrer Seite hatten, aber trotzdem nicht merklich vom Fleck kamen, bzw. sich, wie Tennis Borussia, schlussendlich übernahmen. Der Spandauer SV löste sich 2014 auf, während Tennis Borussia mittlerweile in der viertklassigen Regionalliga spielt. Und sie werden wohl auch – ein wenig Häme muss sein – allmählich realisiert haben, dass sie, seit ihrem Abstieg aus der Bundesliga 1977, weder mit viel noch mit wenig Geld sonderlich weit gekommen sind...

Als ich Trainer Bernd Erdmann 1991 kennenlernte, gestand mir Fritz Herz: „Bei dem haben wir auch noch Schulden..." Ohne Geld geht eben nichts. Ein Verein benötigt einen wohlhabenden Sponsor. Allerdings haben private Geldgeber in der Regel wenig Ahnung vom Fußballgeschäft. Oder er zieht sich, aus welchem Grund auch immer, sukzessive zurück, wie z.B. Bauunternehmer Klaus Bittroff Ende 1991. Als im Spätsommer 1989 die Oberliga Berlin startete – zu Wacker war der von 1986–1988 beim Traber FC Berlin tätige Klaus Basikow zunächst als Sportlicher Leiter zurückgekehrt – war für ein ‚kräftiges Stühlerücken' die Bühne bereitet. Wie sollten, die Frage stand im Raum, sportlich fair und möglichst paritätisch die Ostvereine integriert werden? Das war die vom DFB und DFV (Fußball Verband der DDR) in jenen Tagen und Monaten zu lösende Aufgabe. Wacker 04 wurde 1991 übrigens Tabellenneunter in der Oberliga Berlin, die im Mai 1991 zu existieren aufhörte. Standesgemäß hatte man in einem Nachholspiel mit 2:0 beim Spandauer SC gewonnen.

Die fällige Zuteilung gestaltete sich wie folgt: Hansa Rostock, der letzte Meister der Oberliga Nordost und der Zweitplatzierte, Dynamo Dresden, wurden in die Bundesliga aufgenommen, die nunmehr 20 Vereine zählte. Die tabellarisch ersten 14 Vereine der alten Oberliga Berlin (samt der Aufsteiger Türkspor und FV Wannsee) wurden in drei Oberligen mit jeweils ostdeutscher Beteiligung integriert.

Der SC Wacker 04 spielte also ab Sommer 1991 in der Oberliga Nordost, Staffel Nord, zusammen mit drei Vereinen der ersten Liga der bereits am 3.10.1990 aufgelösten DDR. Es waren der FC Berlin (besser bekannt unter dem Namen BFC Dynamo), Stahl Eisenhüttenstadt und Victoria Frankfurt/Oder. Dazu kamen, neben alten Bekannten wie dem Spandauer SV oder Tennis Borussia, insgesamt neun Clubs, die der DDR-Liga, Staffel A, angehört hatten. Das bedeutete, dass die Oberliga Nordost eigentlich die alte 2. Liga der DDR gewesen ist. Die aus folgenden Mannschaften bestanden hatte: PFV Bergmann-Borsig, Post Neubrandenburg, Stahl Hennigsdorf, Greifswalder SC, Hafen Rostock, Rot-Weiß Prenzlau, Motor Eberswalde, FSV PCK Schwedt und Blau-Weiß Parchim. Wacker 04 spielte also nun als Drittligist mit einem Mini-Etat gegen Profis! Hatten die Veilchen am 2. Juni 1979 ihr letztes Pflichtspiel außerhalb der Tore Berlins bei Arminia Hannover absolviert, dann reisten sie etwas mehr als 12 Jahre später wieder ins nähere oder fernere Umland. Vorbei die Zeit der „U-Bahn Liga", wie die Oberliga Berlin im Volksmund hieß. Allerdings existierte die Zeit der „Fernreisen" für exakt eine Spielzeit, da schon 1992 die Verbandsliga Berlin an die Stelle der Oberliga Nordost trat.

Der Greifswalder SC war übrigens am 8. September 1991 der erste Gastgeber, und Wacker wurde, bei *den* Voraussetzungen nicht anders zu erwarten, mit 5:2 deklassiert. Zu dieser abenteuerlichen Oberliga-Spielzeit gibt es in dieser Chronik an anderer Stelle noch ein paar mehr Einblicke. Die Verbandsliga Berlin war zu dem Zweck eingeführt worden, um zu verhindern, dass bis zu diesem Zeitpunkt sportlich wesentlich höher angesiedelte Clubs von Jetzt auf Gleich in die fußballerisch absolut irrelevante Landesliga auf Nimmerwiedersehen verschwanden. Kuriosität am Rande: Abgesehen von der Vertragsliga war Klaus Basikow in allen sechs Ligen Trainer von Wacker 04. So etwas hat es im deutschen Fußballsport bis dato wohl wirklich noch nie gegeben.

Interview mit Wackers Rekordtorschütze
Rainer „Ratze" Liedtke

Jede Statistik beinhaltet inhaltliche Informationen, die freilich auch zu falschen Schlussfolgerungen verleiten kann. So wurde ich einmal vom Co-Trainer des VfL Bochum, Frank Heinemann, „in den Senkel" gestellt, weil ich seiner Meinung nach einen Stürmer des VfL zu negativ beurteilt hatte: „Du bist doch immer der Statistiker! Nimm seine Statistik, der war dieses Jahr besser als Claudio Pizarro!", hatte er sich nicht zu Unrecht empört. Im Fall des Mittelfeldmotors Rainer Liedtke allerdings ist die Statistik und das, was man aus ihr ableitet, absolut verlässlich. Ratze hat nämlich – egal ob als Kicker oder später als Coach – immer geliefert!

So sieht seine Statistik aus: 46 Regionalligaspiele für Blau-Weiß 90 (17 Tore). 60 Regionalligaspiele für Wacker 04 (27 Tore). Acht Bundesliga-Aufstiegsrundenspiele (zwei Tore). 129 Zweitligaspiele für Wacker 04 (35 Tore). Oberligaspiele für Wacker 04 1977/78 (28/20 Tore) und 1979/80 (20/12 Tore). 1980/81 Oberliga für den BFC Preussen (26 Spiele/14 Tore). Elf DFB-Pokalspiele für Wacker 04 (1 Tor). Das macht in der Summe allein für Wacker 04 (Achtung: ohne Ligapokal und BFV Vereinspokal-Daten!) 256 Spiele bei insgesamt 97 geschossenen Toren! Für einen Mittelfeldspieler schier phänomenal. Zwischen 1970 und 1981 hat der Pfundskerl in 328 Spiele 128 Treffer erzielt. Darüber hinaus: 1978 Berliner Meister mit Wacker 04 und 1981 mit dem BFC Preussen, mit dem er im selben Jahr auch Berliner Pokalsieger wurde. Als Trainer brachte er 2011 den kleinen Stern 1900 ins Berliner Pokalendspiel, stieg 1987 mit Wacker 04 aus der Landesliga in die Oberliga auf und brachte den 1. FC Lübars aus der Landesliga in die NOFV Oberliga Mitte.

Ich habe in den letzten 20 Jahren wenigstens 200 Interviews mit Fußballern oder Musikern geführt. Aufgeregt war ich immer, aber dieses eine Mal war nichts wie sonst. Nicht nur für mich, sondern vor allem auch für mein Gegenüber. Wackers Mittelfeldstar Liedtke tauchte gemeinsam mit mir an diesem späten Vormittag in seine glorreiche Vergangenheit ab. Pünktlich um 11:00 Uhr kam er, eine Tasche in der Hand, über den Eichborndamm geschlendert. Ich sah ihn aus der Entfernung lächeln. „Ob aus 100 oder 500 Metern, ich habe Sie sofort erkannt", begrüßte ich ihn freudestrahlend, als wir kurz darauf in einem Restaurant Platz nahmen. Meine Frau Gabi war übrigens auch zugegen. Das förmliche „Sie" machte sofort dem „Du" Platz, während wir unsere Unterlagen hervorkramten. „Bis 13:00 Uhr habe ich Zeit, dann muss ich los", sagte der drahtig-fitte Mann. Um es vorwegzunehmen: Das Interview dauerte bis kurz vor 15:00 Uhr. Meine vorbereiteten Fragen stellten sich sehr schnell als absolut überflüssig heraus. Denn nach kürzester Zeit übernahm das hochsympathische Fußball-Lexikon das Kommando. Natürlich hatte ich als Autor anschließend das Mitgeteilte auf seinen Wahrheitsgehalt hin zu überprüfen, aber, was soll ich sagen, Ratze hatte sich praktisch kein einziges Mal getäuscht.

Also unter kundiger Führung Rainer Liedtkes abgetaucht in die lila-weiße Vergangenheit. Weil es mir um Authentizität geht, habe ich an der wörtlichen Rede meines Gesprächspartners nur in Ausnahmefällen kleine Retuschen vorgenommen.

Ich zeige ihm zunächst die von mir selbst angefertigte Collage mit den fünf Wacker Trainern: Lucas, Csernai, Cajkovski, Basikow und Gawliczek.

Liedtke: Lucas wollte damals Hägler und Michael Müller zu Fortuna Düsseldorf holen. Das haben aber beide nicht gemacht.

Ich deute auf Pal Csernai.

Liedtke: Das soll der allerbeste Wacker 04-Trainer gewesen sein, wie mir Michael Müller erzählte. Csernai war ja Mitinitiator der Raumdeckung („Pal-System") und wurde zehn Jahre später Meister mit Bayern München. Die Bayern Stars Karl Heinz. Rummenigge und Paul Breitner sollen von diesem Trainer, wie man hört, auch begeistert gewesen sein.

Dann zeigt er von sich aus auf Georg Gawliczek und wird deutlich...

Liedtke: Der war ein Opernsänger, nichts anderes. Der war sich sogar zu fein, Bälle zu tragen. Wir trainierten 1975 an der Finsterwalder Straße, holten das Equipment aber mit Autos vom Wackerweg ab, also Fahnenstangen, Hütchen, Bälle usw. Als einer von uns fragte, ‚na Trainer, wollen Sie nicht mal mit anpacken', antwortete er nur: ‚Na, so weit kommt das noch'. Ich kann mich erinnern, wie wir unter Velhorn trainierten, sehr hart nämlich, und bei Cajkovski filigrane Dinge, Freistöße usw., aber wie Gawliczek bei uns arbeitete, da fällt mir erinnerungstechnisch echt nichts mehr ein. Wir waren mal essen nach einem tollen Spiel, am Kudamm. Und dort verkehrte auch der Jazz-Pianist Horst Jankowski. Und da hat Gawliczek zu ihm gesagt, er solle etwas spielen, und dann sang unser Trainer dazu eine Opernarie. Und wirklich vom Feinsten. Ich bin ja auch Gitarrist, kann das ja beurteilen. (…) Aber er war ja auch so ein Verrückter, in Richtung Spielerfrauen. Als er im Süden Deutschlands Trainer war, ist er frühmorgens vom Training abgehauen zu der einen Spielerfrau und lag mit der dann eben im Bett. Aber der Spieler hat sich verletzt und kam nach Hause. Das wurde dann publik gemacht, und das war es vorerst für ihn als Trainer. Bei uns hatten wir ja den Kreuzberger Jungen Rainer Fischer, und der hatte eine rothaarige Freundin, etwa mit der Oberweite von Frau Katzenberger, und der Trainer war immer hinter ihr her. Wir anderen Spieler wussten ja, wie er so war…

Dann tippe ich auf ein uraltes Schwarz-Weiß Foto, das Zlatko und Zeljko Cajkovski als Kinder mit ihren Eltern zeigt. Kennst Du den Mann hier?

Liedtke: Na klar. *(Liedtke staunt: Boah.)* Das war für mich ein feiner Mann. Der stellte sich uns vor und sagte ‚Fußball ist mein Leben!' Und wir hatten ja als Spieler so ausgeschlafene Jungs wie Bernd Sobeck und Atze Altendorff, die so ‚Schweine' wie Fiffi Kronsbein als Trainer hatten. Das Schlimmste, was er machen konnte, war, uns gymnastische Übungen vormachen zu wollen. Aber alle haben Tränen vergossen, als sie ihn rausgeschmissen haben. Sein letztes Spiel war das 3:1 gegen Borussia Dortmund im Poststadion. Er kam mit Tränen in den Augen in die Kabine und sagte dann nur ‚Tschüss Jungs'. Und die Hälfte der Mannschaft hat auch geweint. Der Mann trainierte sehr viel Technisches, Filigranes, Freistöße usw. Wer natürlich einen Freischein bei ihm hatte, war Stürmer Wolfgang John, der durfte alles. Der war ja unser Dressman und Lebemann usw. ‚Wolfgang macht Geld, Wolfgang macht Punkte', erklärte er der Mannschaft dann stets. Wolfgang war ja nun ein toller Mann, wo auch die Anhängerinnen schon am Flughafen auf ihn warteten. Und er war ja mit der Opernsängerin Beauty Milton verheiratet, und die haben sich ja immer fast ‚gekloppt'. Bernd Sobeck und andere schleppten übrigens Wolfgangs Bett ins Haus, das war etwa so groß wie der halbe Wackerplatz (lacht). So lange er im Spiel getroffen hat, war immer alles okay, aber dann gibt es eben auch die schlechten Phasen für einen Stürmer, und Cajkovski ruderte zurück und mahnte ihn, wieder abzuliefern.

Wir beginnen, auf konkrete Spielerlebnisse einzugehen. Ich starte mit dem 19. August 1977. Wacker 04 spielte im DFB-Pokal als Ober-ligist (!) auf dem Betzenberg gegen den Bundesligisten 1.FC Kaisers-lautern. Nach 60 Minuten stand es immer noch 1:1.

Liedtke: Ja, Superding. Das Spiel haben wir verkauft, also unser Heimrecht, sonst hätten wir ja auf dem Wackerplatz gespielt. Schau nur mal, wann die Tore gefallen sind. Genau, erst nach einer Stunde sind wir zusammengebrochen. Für uns als Jungs war das ja toll, Freitagabend, Betzenberg…Total niedlich, diese Atmosphäre. Ein Spieler von uns musste ,getapt' werden. Aber wir hatten, auch aus Geldnot, nur einen Masseur, der nur das Öl verschmieren konnte. Jedenfalls haben die Lauterer Masseure uns dann freundschaftlich geholfen. Wir machten ein Topspiel. Vor allem Joachim ,Männe' Paul, 1,95 m in der Höhe, sein Lieblingsspieler war Hurst. Jedenfalls war es sein wohl einziges gutes Spiel. Ich treffe ihn heute noch, er sieht noch gut aus und der konnte ja die Leute immer toll unterhalten. Jedenfalls fuhren wir gefährliche Angriffe, und die Zuschauer haben alle geklatscht! Aber als Fetkenheuer das 1:1 machte, und wir auch nach der Pause gut spielten, da wurde gepfiffen. Na, und im Tor war Kosmowski, der war ja nur gefühlt 1,65 m klein, und der rannte unter zwei Flanken durch. Ärgerlich. Wir freuten uns jedenfalls endlich wieder auf Geld. Doch während eines Spiels von uns am Wackerweg rückte ein Gerichtsvollzieher mit der Polizei an, und unser Funktionär, der Schrotthändler Kurt Tonndorf war fix und fertig. Was blieb ihm bei Wackers Schuldenberg anderes übrig, als das Geld vom Betzenberg rauszurücken. Und wir Spieler waren echt bedient. Das hing wohl noch mit offenen Hotelrechnungen aus der 2. Liga zusammen.

Die älteren Spieler im Kader wie „Ente" Sydow und Torwart Peter Scholich waren sicher tonangebend, oder? Wie wurdest Du aufgenommen?

Liedtke: Na ganz toll. Man überzeugt durch Leistung, das ist natürlich klar. Ente Sydow ist wie ich auch ein Postbeamter. Dazu gibt es eine schöne Anekdote. Wacker hatte ein Ablösespiel für Basikow gegen den BBC Südost, wo ich damals noch spielte. Und Sydow sagte zu mir: ,Jüngelchen, du musst noch so viel lernen' und tritt mir nach einem Foul noch mal mit den Stollen auf den Knöchel. Ich sprang auf, und zwei Spieler mussten mich festhalten. Und dann schrie ich ihn an: ,Jetzt weiß ich auch, warum dich alle nur Ente nennen. Du bist so was von hässlich!' Da war mir dann schon etwas komisch, als ich dann auch zu Wacker kam und ihn wieder traf. Aber heute ist er einer meiner besten Freunde, weil immer ruhig und sachlich, vernünftig eben. Über ihn wirst du nie etwas Schlechtes hören, und er gab den Fußball auch so wieder, wie er war.

Peter Bien sah doch immer aus wie ein Popstar?

Liedtke: Wie Chris Roberts mit dem Seidenschal. Ja, Peters Frau Bärbel wollte immer, dass er so aussah. Dazu muss man wissen, die Familien Liedtke und Bien waren immer fest befreundet. Peter litt unter Klaustrophobie, wohl auch mit verursacht durch seine etwas ängstliche Frau. Er flog zum Beispiel nie mit der Mannschaft, sondern kam immer im PKW hinterher zum Auswärtsspiel. Vater Bien war ja sogar im Nationalmannschaftskader, noch bei Otto Nerz! (Günter Bien, Blau-Weiß 90 Spieler, war 1935 im Kader beim Auswärtsspiel der DFB-Elf in England. Kam allerdings nicht zum Einsatz. (Anmerkung des Verfassers))

Während in den Aufstiegsrunden zur Bundesliga 1971, 1972 und 1973 für Wacker nicht allzu viel möglich war, war dies 1974 ja anders. Wie erlebtest Du das unselige 1:3 gegen Eintracht Braunschweig im Poststadion?

Liedtke: Ja, es geschahen ja zwei Unfälle im letzten Training vor dem Spiel gegen Braunschweig. Und wären die nicht passiert, also ich will jetzt wirklich nicht übertreiben, aber wir hätten Braunschweig auch weggehauen. Wir waren fußballerisch auch so stark. Allein Bernd Sobeck, wenn du den spielen gesehen hättest, der war ja wie der Beckenbauer. Aber der Reihe nach. Zuerst ging es für uns in Saarbrücken los, nach der Arbeit! Das Spiel war am Donnerstagabend. Alle mit den Autos nach St. Ingbert ins Hotel Esplanade. Nur umziehen, essen und los zum Stadion! ,Hansi' Mielke legte auf, und ich schoss mit einem Scherenschlag das Siegtor. Für uns war das ja eine Sensation, und wir haben uns gefreut wie die Schneekönige. Und dann jubelten wir vor der Tribüne im Ludwigsparkstadion, dort, wo die reichen Leute saßen, und die haben uns angespuckt! Da wurde ich als junger Kerl erstmals mit so etwas konfrontiert. Wir waren froh, als wir uns in der Kabine die Klamotten ausziehen konnten. Und danach folgte das Heimspiel im Poststadion gegen den 1. FC Nürnberg. Klaus Basikow sagte vor dem Spiel zu mir, dass ich heute nicht als eine Art Spielmacher spielen durfte, sondern den Jugoslawen Petkovic zu decken hatte. Und der war nur mit Kneifen, Spucken und ähnlichem zugange. Im Anschluss kam ja das Spiel in Wattenscheid, wieder an einem Donnerstagabend! Da sind wir hier ganz früh los gefahren. Vor dem Spiel gab es, wie es in Westdeutschland immer war, eine Ehrung mit Kränzen. Irgendeiner von denen hatte wohl 150 Spiele voll. Jedenfalls hat das Spiel 20 Minuten später angefangen. Wir standen da und waren richtig sauer. Na, jedenfalls standen wir hinten gut, und Lunenburg hatte auch einen guten Lauf. Das Spiel plätscherte aber irgendwann nur noch dahin. Aber zwei Minuten vor Schluss bekommen wir, beim Stande von 1:1, zwanzig Meter vor dem gegnerischen Tor einen Freistoß. Ich dachte, ‚Liedtke, den machst du jetzt rein‘ und legte mir den Ball ganz exakt hin. So wie Günter Netzer (*lacht*). Plötzlich tippt mir jemand auf die Schulter und sagt: ‚Ratze geh‘ mal weg…‘ Bernd Sobeck! Und das Lorheide Stadion ist ja ähnlich wie hier unser Berliner Mommsenstadion, mit Tartanbahn usw. Nun war ja Bernd Sobeck für mich ein Idol. Obwohl er bei uns nie trainieren musste, er kam ja fast immer nur zum Spiel. ‚Hast du wieder deine Spontanzerrung?‘, fragten wir ihn immer (*lacht*). Aber man konnte auf ihn ja nicht verzichten. Jedenfalls läuft der an und schießt mit Vollspann noch über den Zaun des Stadions den Ball fast komplett aus dem Stadion hinaus! Ich drehe mich um und frage: ‚Bist du blöd?‘ Aber Sobeck sagte nur gelassen: ‚Warte Pipelchen, das wirst du gleich sehen…‘ Und diese Nachspielzeiten wie heute gab es ja damals auch noch nicht, jedenfalls nicht so lange wie es heute üblich ist. Als der Ball zurück war, und der Keeper von denen abschlug, pfiff der Schiedsrichter schon ab. Und dann kam Sobeck zu mir und umarmte mich. ‚Hör‘ mal Pipelchen, du hättest den Freistoß vielleicht in die Mauer getreten. Ein Konter, und wir hätten das Spiel noch verloren. Der Punkt aber, der ist Gold wert! Wir haben nun 5:1 Punkte…‘ Nach dem Spiel kam sogar ZDF-Reporter Dieter Kürten zu uns und meinte: ‚Das gibt es ja gar nicht, sie sind doch die grauen Mäuse der Aufstiegsrunde hier. Na, dann sehen wir uns ja bald im Aktuellen Sportstudio‘. Denke mal an das Foto in der Micky Maus-Ausgabe zurück. Das war unser erstes Auswärtsspiel in der 2. Liga. In Münster war das. Mit dem Neuzugang Helmut Pabst im Tor, dem Jugend-Nationaltorwart, überlege mal. Bei uns herrscht ja die Berliner Schnauze. Ich weniger, obwohl aus dem Arbeiterbezirk Kreuzberg stammend. Aber dieses Zusammensein mit Leuten wie Sobeck, Bien, Lindner, Hanisch, die waren ja Schullehrer. Da konnte ich, wofür ich heute noch dankbar bin, viel an Wissen aufnehmen. Zudem war es wichtig, dass die neuen Spieler auch bei uns reinpassten. Nimm nur mal den Norbert ‚Futte' Ivangean. Der sprach ja Mariendorfer Dialekt. Der kam zu uns mit einem Bäuchlein, weil der ja bei Bayern München sowieso nie spielte. Er war ja DFB-Juniorennationalspieler. Und der passte. Einmal hat er mit seinem vorgestreckten Bäuchlein auch Basikow parodiert. Oder an dem Tisch im Mannschaftsbus, wo sie Karten spielten, hat Wolfgang ‚Buba' Hansen Käse hindrapiert, bzw. auch Niespulver verteilt (lacht). Und der Mann war immerhin Ausbilder bei der Polizei.

Als ich darauf hinweise, dass Wackers Ingo Krüger ja auch DFB-Jugendnationalspieler gewesen ist, taucht Liedtke erneut in seine Erinnerungen ab.

Liedtke: Ja, war er. Also wir jungen Berliner sind damals, was du altersmäßig noch gar nicht hast wahrnehmen können, bei der Endrunde des damaligen A-Jugend Länderpokalturniers dabei gewesen. Mit uns noch Westdeutschland, Bayern und ich glaube Südwest. Das erste Spiel war Freitagabend im Poststadion, und ich war ja noch beim kleinen BBC Südost Berlin, wo Basikow mein Trainer war. Da spielten wir vereinsmäßig richtig gut, wurden Zweiter hinter Hertha BSC, haben die aber zweimal verprügelt. U.a. vor 1000 Zuschauern bei einem A-Jugendspiel mit 4:0, wo ich auch zwei Tore machte. Zurück zum Thema. Wie gesagt kam dann dieser Länderpokal, und Westdeutschland kam mit Scheer, Sobieray, alles solche Kaliber, und wir spielten mit Leuten von Minerva, Borsigwalde. Im Tor war Thomas Zander von Hertha BSC, vorne Bernd Laube; ein guter Mittelstürmer. Ja, und wir haben gut gespielt und im Poststadion durch ein Tor des besagten Laube mit 1:0 gewonnen. Und dann war man gleich im Endspiel! Gegen die Bayernauswahl. Freitagabend ging es dann los. Bei uns herrschte Euphorie hoch drei, denn keiner hatte ja mit uns gerechnet. Auf der Tribüne saßen dann natürlich Udo Lattek, Breitner und Hoeneß. Dann wurden wir in die feine Gesellschaft quasi eingeführt. Das Bankett war dann im Europäischen Hof, am ZOB auf der Dachterrasse. Da gab es ja zeitgleich den ‚SFBeat' im Radio, und wir sind da alle in den Sendesaal hinein (lacht). Und dann, warte, das muss ich dir vormachen... (Liedtke erhebt sich und spielt uns vor, was dann passierte: „Plötzlich ging die Tür auf und Udo Lattek kam herein. Der hatte ja schon großen Einfluss usw. Und Breitner und Hoeneß gleich hinter ihm."

(Liedtke verbeugt sich mitten im Restaurant, wie man es ansonsten höchstens vor einem König tun würde.) „So einen Diener haben die gemacht… Wir waren ja Nobodys… Das Endspiel war dann an Herthas alter Wirkungsstätte ‚An der Plumpe‘. Wir dachten, Mensch wir haben Westdeutschland weggehauen, was soll's, die packen wir auch. Und nach 20 Minuten bekomme ich dann eine Superschusschance, und Kamerad Breitner hält mit gestrecktem Fuß auf mein ohnehin schon bandagiertes Bein vom letzten Spiel. Ich habe geschrien und wurde runtergetragen in die Kabine, und hinein kam für mich Norbert Janzon, und der machte sofort drei Tore! Also gewannen wir mit 3:1. Danach gab es dann die Wahl seitens des Verbands, welche vier Berliner man in die Jugendnationalmannschaft berufen sollte. Thomas Zander war klar. Dazu Laube und Janzon selbstredend nach diesem Auftritt mit den drei Toren. Und wen noch? Und dann sagten sie, gut, dann nehmen wir Ingo Krüger (*lacht*). Ingo wurde dann aber in einem Freundschaftsspiel böse umgegrätscht und fiel lange aus.

Nochmal zurück zu Wacker im Jahr 1973. Da wollte doch Fritz Herz dieses Hotel am Wackerplatz bauen, mit großer Tribüne usw. Da hätte Wacker ja damals schon so etwas wie Union Berlin werden können. Oder wie siehst Du das?

Liedtke: Jaja. Hast du das Modell mal gesehen? Also, das war richtig toll. Es stand ja bei uns aufgebaut, das war wirklich vom Allerfeinsten. Wir haben halt nicht die Unterstützung vom Berliner Senat gehabt. Da kann ich dir Sachen erzählen, da kriegst du eine Macke. Wir fuhren Samstagabend nach Aachen, dann hast du Sonntag gespielt, hast dir noch drei bis fünf Dinger eingefangen und dann mit dem PKW im Schneetreiben zurück. Dann war man nachts daheim. Ich legte mich noch für eine Stunde hin, und dann ging es zur Arbeit bei der Post. Wer macht denn sowas? Da gehst du doch kaputt. Und in Aachen fliegt Fetkenheuer in der 72. Minute vom Platz, und ich danach auch noch. Wobei die Schiris…, die hassten uns Berliner, das hat man gemerkt. Nimm mal das Spiel in Gütersloh bei der DJK, wo wir 1:3 verloren nach einer zuvor guten Serie. Lindner flog vom Platz, und Roggensack verwandelte einen Elfmeter zum 3:1 Endstand. Und ich tobte: ‚Wie blind muss man als Schiedsrichter denn sein?‘ Dann drehte ich mich um, weil das Publikum johlte. Und da zeigte mir der Schiedsrichter auch noch die Rote Karte. Ich habe den gar nicht gesehen (lacht). Wusstest du übrigens, dass dann auch die Schiris von Wacker ,betreut' wurden? Fritz Herz war mit einer DFB-Sekretärin befreundet und bekam dadurch mit, dass die anderen Vereine etwas in diese Richtung unternahmen. Jedenfalls hatten wir im Vorstand einen – wir nannten ihn Hermännnchen –, und der hatte einen Puff in der Torfstraße, wo dann die Schiris am Vorabend eingeladen wurden. Apropos Fritz Herz, da passt auch eine weitere Anekdote. Ich wohnte ja als Junge in Kreuzberg, und mit 15 Jahren merkte ich natürlich, sexuell regt sich allmählich einiges bei mir (lacht). Jedenfalls lief immer in der Manteuffel Straße, als ich draußen Ballübungen machte, eine tolle Frau vorbei, braungebrannt und enorm geschminkt, was es ja in dieser Zeit Mitte der 1960er Jahre noch kaum gab. Nachher bekam sie von uns den Spitznamen „Indianer". Aber ich schwärmte als junger Bengel natürlich für die. Und Jahre später sagt Fritz Herz zu mir: ,Rainer, darf ich dir meine neue Frau vorstellen?'. Und das war sie *(lacht)*. Leider ist sie aber früh verstorben.

Ligapokal August 1972, u.a. mit Wackers 3:2 Sieg beim HSV. (Ich zeige ihm die Aufstellung und Statistik. Er ist sichtlich erfreut.) Warum wurde dieser Ligapokal überhaupt veranstaltet?

Liedtke: Als Überbrückung. Da nahmen sie dann den HSV, St. Pauli und die Hertha. Kennst du die Story unseres 4:3 Siegs gegen Hertha auf dem Wackerplatz? Da wollten die Hertha Fans ja fast den Linienrichter umbringen! Ich traf sofort aus 25 Metern zum 1:0. Das war mein erstes Tor für Wacker 04 (Das Spiel fand am 2. August 1972 vor 4.000 Besuchern am Wackerweg statt, Anmerkung des Verfassers). Als Keeper Horst Wolters den Arm hob, kam der Ball schon wieder aus dem Tor zurück. Und dann hat Hertha BSC zu der Zeit ja etliche Treffer durch ihren berühmten Freistoßtrick gemacht. Also, wenn die einen Freistoß in Tornähe bekamen, führte den Erich Beer aus, während sich Lorenz Horr neben die Mauer stellte. Horr drehte sich dann weg von der Mauer, und Erich ,Ete' Beer lupfte den Ball über die Mauer zu ihm. Dann gab es meistens einen Drehschuss mit Tor. Aber wir wussten das inzwischen. Und unser Kamerad Pannewitz stellte sich vor Horr, und während der Freistoß ausgeführt wurde, haut er dem Horr in die Seite, und der fällt um. Der Schiri sah dies aber nicht (lacht). Nun rannte Beer auf Pannewitz zu und ging den körperlich an. Daraufhin be-

57

kam Beer Rot! Der Linienrichter lag derweil auf dem Boden, denn die Hertha Fans haben auf ihn eingeprügelt. Das Spiel sollte dann abgebrochen werden. Jedenfalls gewannen wir mit 4:3. Selbst das Rückspiel gegen den HSV am Wackerweg war toll, weil da unsere Freunde und Verwandten zuschauten. Wir verloren zwar klar, aber die Hamburger Kicker staunten nicht schlecht über unsere ,Flutlichtfunzel' (lacht).

Wacker-Boss Fritz Herz organisierte im Januar 1976 das Freundschaftsspiel gegen den Deutschen Meister Mönchengladbach. Die gastierten in Berlin beim Hallenturnier in der Deutschlandhalle und Wacker stellte denen seinen Platz zur Verfügung. Wacker siegte mit 2:1. Berti Vogts soll ja im Anschluss geflucht haben.

Liedtke: Ja. Richtig. Ich habe Wolfgang Kleff gleich das 1:0 reingehauen. Und unser Racine und deren Stielike beharkten sich mächtig. Berti Vogts beschwerte sich über unsere angeblich harte Gangart, aber selbst MG Coach Lattek gab zu, das alles völlig im Rahmen war. – Jetzt aber noch mal zu unserem 3:2 Sieg am berühmten Hamburger Rothenbaum gegen den HSV. Reinhard Lindner machte drei Wahnsinnstore. Obwohl bei denen der Türkische Nationaltorwart Özcan im Tor stand, ein richtiger Flieger. Der konnte da nichts machen, zweimal ging der Ball oben rechts in den Winkel. Danach haben wir die Nacht zum Tag gemacht. Wir gingen mit Jacketts aus, und auf unseren beigefarbenen Krawatten war in Rot (!) 04 eingestickt. Als wir in eine Seitenstraße auf St. Pauli einbogen, saß eine Hamburger Barfrau vor einer Kneipe und sagte laut: ,Da kommen die Wichser von Wacker 04...' Und Basikow sagte noch zu mir: ,Versäumt morgen das Frühstück nicht'. Für Basikow ging ja Essen stets über alles. Aber dann kam er selbst zu spät zum Frühstück. (Liedtke wirkt nachdenklich beim Thema Klaus Basikow, seinem ehemaligen, längst verstorbenen Förderer.) Ich habe ja zum Schluss mit ihm richtig im Clinch gelegen. Dabei dachte ich immer, was ich dir alles Gutes getan habe, und du mir sicherlich auch. Aber zum Schluss war unser Verhältnis nicht mehr feierlich.

Nach Basikow kam 1974 Peter Velhorn. Wie erinnerst Du ihn?

Liedtke: Mit dem kam ich nie klar. Standest du mit ihm zu zweit zusammen, erklärte er dir gut einige Dinge. Aber sobald ein anderer Spieler dazu kam, brach er ab, und dann machte er sich vom Acker, also irgendwie linkisch, etwa wie Guardiola... Oder vor dem jeweiligen offiziellen Training, da hat er eine Stunde lang mit unserem neuen Keeper Helmut Pabst Torschusstraining gemacht und unseren bisherigen Stammtorwart Peter Scholich links liegen lassen! Der war darüber natürlich nicht erfreut. Das Ende von Velhorn hatte den einfachen Grund, dass wir mit diesem Trainer nicht mehr weiterkamen.

Du hattest bei Deiner tollen Trefferquote als Mittelfeldspieler sicher auch Angebote aus dem Bundesgebiet?

Liedtke: Ja, hatte ich. Mehrere. Unter anderem war ich bereits bei Bayer 05 Uerdingen im Gespräch. Die boten mir 140.000 DM pro Jahr! Ich war ja bei der Post Beamter auf Lebenszeit, aber leider konnte man erst ein Jahr später trotzdem seinen Wohnort wechseln, sodass ich in Berlin blieb. Nicht ungern übrigens, denn ich bin ja ein Kreuzberger Junge. Alemannia Aachen, der VfL Osnabrück und auch Hertha BSC wollten mich. Das kann ich kurz erzählen. Das war so etwa 1976. Der große Hertha Präsident Wolfgang Holst empfing mich. Ja, er hätte über meine Leistungen schon einiges gelesen, und sie hätten auch von anderen Leuten viel über mich gehört. Also, er bot mir ein jährliches Handgeld in Höhe von 40.000 DM. Aber dazu meinte er: ‚Sie müssen dazu aber Ihren Job aufgeben.' Ich fing an zu lächeln, was ihn irritierte. ‚Herr Holst, ich gebe doch für das Geld nicht meinen Beruf auf.' Denn das hätte ich ja im Jahr auch als Betonbauer oder so verdient. Die 140.000 von Bayer Uerdingen, das hätte ich ja durchaus tun können, aber das von Hertha ging gar nicht.

Das Verhältnis zwischen Klaus Basikow und Fritz Herz interessiert mich aus deiner Sicht. Ich habe beide ja auch einige Jahre erlebt. Wie war das eigentlich genau? Eine Männerfreundschaft, eine Schicksalsgemeinschaft? Zwei, die den Verein zu sehr bestimmten? Treue Retter? Was alles noch?

Liedtke: Brüder, die waren wie Brüder. Ich weiß noch genau, wie die auch immer im Geschäftszimmer getagt haben. Die trafen sich, als ich 1986 Trainer war, jeden Tag um 14:00 Uhr. Dann gab es Korn und Zigarren. Wenn ich dann um 17:30 Uhr zum Training erschien, kam mir immer eine riesige Wolke Qualm entgegen. Furchtbar. Klaus war ja auch mein direkter Nachbar. Einmal hörte ich nachts einen Knall vor meinem Küchenfester. Er war heimgekommen und betrunken in die Büsche gefallen, aus denen er nicht mehr herauskam. Aber die beiden waren schon Wacker pur. Also das war schon was, was die über Jahrzehnte für Wacker leisteten. *Schnell hatte Wacker 04 in der 2. Liga Schulden. Alles wurde mit Blick auf die dann allerdings leider ausbleibenden Zuschauer kalkuliert. Wie liefen die Verhandlungen? Ihr bekamt doch gar nicht so viel Gehalt.*

Liedtke: Du musstest eben als Spieler vor der Saison dein Handgeld gut aushandeln. Da fällt mir noch ein, dass der Vorstand mit einem Trick arbeitete. Im Geschäftszimmer saßen immer Präsident Herz, Vize Tonndorf und wohl auch noch Erwin Ottke. Dann fragte Herz den Spieler – und das haben mir Mitspieler genauso auch in ihrem Fall geschildert –, was er verdienen wolle. Also Handgeld, monatliches Gehalt, Prämien. Und noch während man seine Vorstellungen erläuterte, griff sich Kurt Tonndorf an sein Herz ‚hah… ahh… hah…' und simulierte wirklich einen Herzanfall. Der jeweilige Spieler wurde dann zunächst des Raumes verwiesen, wohl auch um ihm zu bedeuten: Sieh doch nur mal, was du dem Verein mit deinen Forderungen zumutest! Aber wie gesagt, bei den anderen machten sie das auch so. Etwas später sah ich dann Tonndorf fröhlich lächelnd durch den Gang ins Wacker-Casino gehen…

Klaus Basikow stieg ja trotz seiner Trainerlizenz mehrfach mit Wacker ab. Aber wie war er als Trainer? Fachlich sicher gut?

Liedtke: Ja, trotz der Abstiege. Er war zwar auch aus der Abteilung ‚Wir müssen Gras fressen', aber auch so hatte er immer eine gute Ansprache an die Mannschaft. Er konnte uns unheimlich gut motivieren. Also, da war es wirklich niemals so, dass wir Spieler dachten, na, was erzählt der uns nun wieder. Er konnte immer Sachen gut erkennen. Und tatsächlich habe ich von ihm, da ich ja selbst Trainer wurde, etwas übernommen. Wir fuhren 1986, finanziert durch unseren Sponsor Ratko Hodak, nach Vogelsberg im Taunus. Eigentlich gar nicht bezahlbar, zumal wir ja Landesligist waren. Aber Hodaks Motto war: Was kostet die Welt? Wir spielten gegen den FSV Frankfurt in einem Testspiel. Zur Halbzeit stand es 0:0, aber die machten ein enormes Tempo. Wir kickten mit Hofmann, Schwarz usw. Die kennst du ja alle. Meine Jungs völlig platt vom Tempo der Frankfurter. Die spielten Oberliga Hessen, und wir Landesliga Berlin! Aber dann reagierte ich so, wie Klaus Basikow reagiert hätte: ‚Jungs, das halten die konditionsmäßig nicht durch, bleibt dran!' Und siehe da, wir siegten noch 2:1 gegen die Truppe von Dragoslav Stepanovic.

Hast Du spontan noch weitere Anekdoten auf Lager?

Liedtke: Ja, natürlich. Allein unser kleiner Norbert ,Futte' Ivangean war so ein lustiger Typ. Der war immer mit dabei, wenn Streiche gespielt wurden. Zum Beispiel bei diesen üblichen Wartezeiten an der innerdeutschen Grenze. Einmal standen wir mit unseren PKWs in zwei Reihen. Links Bernd Sobeck. Der hatte einen Renault, bei dem sich schon per Knopfdruck das Dach öffnen ließ! Und wir standen rechts in einer Schlange. Ich am Steuer. Futte auf dem Beifahrersitz. Der Vopo, der genau zwischen unseren Autos stand und uns kontrollierte, staunte natürlich nicht schlecht. Da sagten wir: Das können wir auch. Futte tauchte dann ab, drehte an der Fensterkurbel, während ich drinnen einen imaginären Knopf bediente (lacht). – Oder nimm unseren Ingo Krüger. Das war auch so einer, der immer verrückte Dinge im Kopf hatte. Im Trainingslager in Bad Harzburg legte er unserem Stürmer Fredy Schwarze eine tote Blindschleiche in die Fußballschuhe. Da war dann was los in der Kabine, ein Aufschrei von Freddy (*lacht*). Aber Ingo war auch erfinderisch, wenn er sauer war. Bei uns im Auswärtstrainingslager waren am Vorabend immer Vorstand und Trainer beim Rauchen und Trinken. Die Spieler waren auf ihren Zimmern und spielten Karten. Aus Spaß, und der Alkohol spielte kaum eine Rolle. Aber Kurt Tonndorf war ja auch im Vorstand, und der nörgelte immer herum, ,ihr müsst schlafen, sonst gewinnt ihr morgen nicht' usw. Und Ingo Krüger ging zur Hotel-Rezeption und bat um drei Wecker, und diese drei Wecker hat er dann in Tonndorfs Zimmer versteckt. Also unterm Bett, im Schrank oder wo auch immer. Und das Lustige war dabei, dass sie, Ingo und ein anderer Spieler, ein Kondom mit Wasser füllten, und das Präservativ dann unter die Matratze oder unters Laken legten. Dann klingelte der erste Wecker. Tonndorf drehte sich und es machte batsch, und das Bett war nass. Im Abstand von zwei Stunden klingelten dann die anderen Wecker (*lacht*).

Wir Fans hatten ja auch bisweilen Kontakt zu den Spielern. Erinnerst Du dich zufällig an ein Vorkommnis mit Besuchern?

Liedtke: Ja, das tue ich. Wir hatten mit dem jungen Spieler Thomas Prill, der 1978 zusammen mit Michael Kuntze von Hertha BSC Amateure kam, einen guten Mann im Kader. Er hatte nur eben eine krumme Körperhaltung. Bei einem Heimspiel wollte ich gerade eine Ecke treten, als ein Zuschauer, den ich persönlich kannte, meckerte: ‚Wie kann man denn einen Spieler mit so einem Buckel spielen lassen?' Daraufhin baute ich mich vor ihm auf und brüllte: ‚Geh zu Agnes, also der Kassiererin am kleinen Eingang vom Wacker-Platz, hol dir deine 10 Mark Eintritt und dann hau ab!'

Und mit der Presse?

Liedtke: Ach, ich erinnere mich unter anderem, wie mich der heutige ZDF-Top-Reporter Norbert König mal im Wacker-Casino interviewte. Da war er noch total jung, und es ist toll, wie er seinen Weg gemacht hat. Da fällt mir spontan gleich noch eine schöne Story ein. Ein Herr Dietrich von der Bild-Zeitung brachte eines Tages einen Artikel, der für viel Aufsehen sorgte. Bei uns war es ja so, dass etliche schon zum zweiten Male geheiratet hatten. Bien, Krüger, Sobeck und dann ja auch Klaus Basikow. Jedenfalls schrieb dieser Peter Wulf Dietrich einen Artikel unter der Headline „Wacker heiratet wacker weiter" (lacht). Basikow war ja auch ein Kreuzberger Junge. Er hat dem Typ dann bedeutet, lässt du dich noch einmal bei uns blicken, dann knallt es! Na, und die neuen Schwiegereltern von Ingo Krüger waren auch total empört.

Vielen Dank für das Gespräch.

1974/75: 2. Bundesliga Nord

Bereits während der Bundesliga-Aufstiegsrunde saß der bajuwarische Trainer Peter Velhorn auf der Tribüne des Nürnberger Stadions und beurteilte die Wacker-Mannschaft, die mit 1:9 beim Club untergegangen war. „Heute hat sich bewiesen, dass die Mannschaft trotz guter spielerischer Ansätze überaltert ist. Sie muss unbedingt verjüngt werden."

Basikows Abschied nach Meppen zum dortigen Regionalligisten stand da bereits fest. Es war eventuell auch keine allzu gute Idee, den Abschied des Trainers während einer Aufstiegsrunde bekannt zu geben. Vergleicht man aber die 1:9-Truppe mit der 2. Liga Debüt-Elf vom August 1974 beim 1:1 gegen Rot-Weiß Oberhausen vor 5.000 Besuchern im Poststadion hatte sich beinahe gar nichts verändert. Beim Debakel an der Noris stand folgende Mannschaft auf dem Platz: Todten, Bien, Sobeck, Krüger, Hansen, Hemfler, Altendorff, Liedtke, Müller, Lindner, Lunenburg. – Statt Todten stand nun, wenn auch leider nur für 10 Spiele, Pabst im Tor, während Hanisch Altendorff ersetzte und auch Wackers Debüttreffer in der 2. Bundesliga schoss. Hanisch war zwar wesentlich jünger als ‚Atze' Altendorff, aber das war es auch schon in Punkto Verjüngung. Im Angriff mauserte sich kurz darauf schon der 29-jährige Wolfgang John zum Topscorer der Wacker-Elf!

Die Wacker 04 Startaufstellung beim Premieren-Auswärtsspiel in Münster, das 1:1 endete, las sich unter dem Gesichtspunkt der Berufstätigkeit wie folgt, wobei es absolut einmalig im deutschen Profifußball gewesen sein dürfte, dass fast die gesamte Mannschaft ‚nebenher' noch einem Beruf nachging: Vier Schullehrer (Hanisch, Bien, Sobeck, Lindner), vier Polizisten (Müller, Hansen, Leumann, Lunenburg), ein Postbeamter (Liedtke) und ein Arbeiter der Berliner Stadtreinigung (Hemfler). Lediglich Keeper Helmut Pabst setzte von Anfang an auf die Karte Vollprofi. Vier Schullehrer! Wie gesagt, einmalig.

Die Biographie aller Damaligen ist interessant, ich möchte aber zwei Spieler besonders hervorheben, weil sie im Berliner Fußball Geschichte schreiben sollten. Da ist zum einen Reinhard Lindner, der als Sportlehrer an der Wilhelm-Raabe-Schule tätig war. Was einige aber bestimmt nicht mehr auf dem Schirm haben: Lindner war maßgeblich beteiligt am Bundesligaaufstieg von Hertha BSC im Jahr 1968! Er absolvierte zwar nur 19 Spiele in Liga- und Aufstiegsrunde, aber 11 Tore waren eben doch mitentscheidend für Herthas Aufstieg. In der Bundesliga wollte er aber, vermutlich seines jugendlichen Alters wegen, noch nicht spielen, und so konzentrierte er sich auf sein Lehramtsstudium. – Zum anderen muss hier natürlich Bernd Sobeck (Jahrgang 1945) hervorgehoben werden, der Im Wacker-Kader nur ‚Vaters Sohn' genannt wurde, weil er der Sprössling von Berlins größtem Fußballidol Johannes ‚Hanne' Sobeck war. Mit 18 Jahren debütierte er in der Berliner Regionalliga als Angreifer bei Tennis Borussia, wo er gleich im ersten Match drei Tore schoss. Nach neun Spielzeiten bei den ‚anderen' Veilchen kam Bernd 1968 zu Wacker 04. Eigentlich hieß er Sobek, doch durch einen Fauxpas in seinem Ausweis, bei dem das c versehentlich hinzugefügt worden war, wurde daraus Sobeck. Die 2. Ligasaison 1974/75 war dann die sportliche ‚Abschiedstournee' des Stürmers. Der Stürmer wurde zunächst Mittelfeldakteur und schließlich Libero. Verletzungsbedingt musste er dann 1975 nach sieben Jahren bei Wacker 04 seine Karriere beenden. Der Chronist Eberhard Wittig charakterisierte ihn in einem Buch über Hertha BSC im Jahr 1971 sehr treffend: „Jeder sagte ihm eine große Karriere voraus. Dazu fehlten, wie sich im Laufe der späteren Jahre herausstellte, jedoch drei wesentliche Faktoren. Bernd aß nicht. Schon als Kind hatte ihm seine Mutter alles ‚hineinstopfen' müssen. Er blieb immer ein spindeldürrer Mann, nicht robust genug für harten Spitzensport. Als Fußballer wollte sich Sobek (hier noch ohne c!) nie quälen, schon gar nicht im Training. Er fuhr in Urlaub, wann immer es ihm gefiel. Er spielte morgens Tennis, nachmittags Fußball und hielt seine Trainer ständig in Atem. Der flotte junge Mann, der gut aussah und von Mädchen umschwärmt wurde, genoß seine Anziehungskraft auf das weibliche Geschlecht. Bernd Sobek führte nie ein Lotterleben und konnte sich als streng erzogener junger Mann überall sehen lassen. Aber Hanne Sobeks größter Wunsch, ihn in der Bundesligamannschaft von Hertha BSC stürmen zu sehen, erfüllte sich nicht."

Klaus Basikow hatte schon 1971/72 zu Recht betont: „Es sind alles Berliner Jungs, die bei mir spielen, keine Zugereisten. Es geht also auch ohne teure Importe!" Das ‚Lokale' war seinerzeit noch ein, wenngleich aus der Not geborener, wichtiger Fakt, weil es dem inneren Zusammenhalt der Mannschaft zugutekam. Scholich, Ivangean, John, Altendorff, Hemfler, Bien, Lindner, Liedtke, Plehn, Leumann, Kosmowski, Fetkenheuer, Schultz, Todten, Hansen, Mielke, Schwarze, Krüger, Hanisch, Sobeck, Müller usw., also im Grunde die gesamte Stammbesetzung der Zweitligaphase der 1970er Jahre bestand aus waschechten Berlinern.

Die einzigen Kicker, die nicht aus Berlin stammten, waren in Wackers Zweitligajahren Serge Racine (später mehr zu ihm), Helmut Pabst, Albert Leder, Axel Lange, Günter Meyer und Uwe Knodel. Was natürlich im Umkehrschluss keineswegs bedeutete, dass westdeutsche oder ausländische Spieler nicht willkommen waren. In der Summe jedenfalls handelte es sich um eine eingeschworene Berliner Truppe, mit Männern, die ihr Hobby zum ‚halben' Beruf machten, da der eigentliche Beruf in der ‚freien Zeit' nach wie vor ausgeübt wurde.

Einen Spieler aus dem schönen Garmisch-Partenkirchen, Hans Sprenger, hielt es nur eine Saison am Wackerweg. 1970 nach Berlin gekommen, kickte er zunächst bei Tennis Borussia, wohin er 1972/73 wieder zurückkehrte. Er absolvierte 40 Spiele mit 16 Treffern im Wackerdress. Was der genaue Hintergrund seines ‚Abschied' gewesen ist, liegt im Dunkel. Eine Anekdote freilich ist unvergessen. In den Räumlichkeiten des Vereins gab es einen alten Kohleofen. Eines Tages stand Sprenger, den Klaus Basikow bei verunglückten Spielaktionen nur den „Alpen-Toni" schimpfte, in seinem teuren Mantel genau davor. Einem Mitspieler stieg ein stechender Geruch in die Nase. Sprenger bemerkte zu spät, dass sein edler Zwirn gerade dabei war, sich in Rauch aufzulösen…

Besonders tragisch gestaltete sich der Berlin-Aufenthalt des Angreifers Günter Meyer. 1974 aus Bayreuth von der dortigen Spielvereinigung gekommen, war der kleine, wendige Mittelstürmer schnell im Kader beliebt. Wegen seines spärlichen Haarwuchses, den er durch raffiniertes Kämmen zu kaschieren suchte, verpasste ihm der Spaßmacher Ingo Krüger den liebevoll gemeinten Spitznamen „Locke". Ausgerechnet in einem Testspiel schlug das Schicksal dann zu. Wacker bereitete sich auf das Kräftemessen mit Fortuna Düsseldorf vor. Bei den Fortunen spielte der baumlange, schussgewaltige Gerd Zimmermann. Und der schraubte sich bei einem Kopfball gegen einen Wackeraner in die Höhe. Das Problem war nur, dass der kleine Meyer meinte, sich in dieses Duell einmischen zu müssen. „Er sprang den beiden dann in etwa bis zum Bauchnabel", erinnerte sich Rainer Liedtke. Meyer ging aus diesem ungleichen Kräftemessen als Verlierer hervor. Wieder Liedtke wörtlich: „Ich bin dann sofort hin, zog den Stutzen zur Seite, und da schaute der weiße Knochen schon durch die Haut…" Meyer war also 1975 bereits Sportinvalide und hat kein einziges Pflichtspiel für Wacker 04 bestritten.

Der Start in die neu eingerichtete 2. Bundesliga Nord 1974/75 war für Wacker 04 mehr als passabel. Nach dem 3:0 Heimsieg über Wilhelmshaven war Wacker 04 Tabellensiebter! Eine Mini-Serie von drei siegreichen Partien in Folge gegen Gütersloh, St. Pauli und eben über Wilhelmshaven bedeutete in der Summe einen einstelligen Tabellenplatz.

Obwohl schon vor Beginn der Spielzeit eine Fusion von Blau-Weiß 90, Wacker 04, dem BSV 92 und Tennis Borussia ins Auge gefasst worden war, sie kam dann letztlich doch nicht zustande. Fritz Herz, der später zurecht „Mr. Wacker 04" genannt wurde, hatte mehr als einmal versucht, den Verein, wenn man es so drastisch ausdrücken will, per Fusion ‚abzuschaffen'. Unter dem finanziellen Aspekt waren seine diesbezüglichen Anläufe sicherlich sinnvoll. Denn nach fünf ‚Heimspielen' im Poststadion lag das Defizit bereits bei rund 90.000 DM. – In der Bundesliga spielte damals neben der damals sehr erfolgreichen alten Dame Hertha auch noch Tennis Borussia. Wacker 04 stieg also sozusagen zum falschen Zeitpunkt auf. Herz' reichlich verwegener Vorschlag, sogenannte Doppelspiele im Olympiastadion zusammen mit Hertha BSC auszutragen, stieß auf Ablehnung. Zitat Herz: „Senat und Verband könnten uns wesentlich helfen, wenn sie uns Reisekostenzuschüsse, so wie anderen Vereinen auch, gewähren." Vor allem aber: „Das Poststadion ist Gift für uns!!" Und zwar nicht zuletzt unter dem Aspekt, dass die Reinickendorfer Fans für die Fahrt zum Stadion unverhältnismäßig viel Zeit einkalkulieren mussten.

Michael Jahn hat in seinem Hertha BSC-Standardwerk *Nur nach Hause geh'n wir nicht* diesen Sachverhalt auf Seite 82 in klare Worte gefasst: „Den Berlinern wird ein starkes Kiezbewusstsein nachgesagt. Früher wie heute. Bezirksreformen, wie in Berlin durchgeführt, wo traditionell gewachsene Stadtteile aus Kostengründen zusammengelegt und einheitlich verwaltet werden, sind dem Berliner zuwider. Er will möglichst alles, was er zum Leben braucht, in seinem unmittelbaren Umfeld, in seinem Kiez vereint wissen. Auch die geliebte Fußballmannschaft, den verehrten Verein. So strömten früher auch die Fans aus Reinickendorf zumeist zu Wacker, die aus Wilmersdorf zum BSV 92, die Köpenicker zu ihrer Union."

Zurück zur Spielzeit 74/75. Noch am Tag vor (!) der 1:4 Niederlage gegen Preußen Münster wurde Trainer Peter Velhorn „gegangen" und „Atze" Altendorff betreute die Mannschaft dann gegen Preußen, in Osnabrück (1:1) und gegen Alemannia Aachen (2:0). Am 15. Februar 1975 gab dann Zeljko Cajkovski mit einem tollen 4:2 Sieg über den VfL Wolfsburg seinen Einstand. Ein Remis in Erkenschwick (2:2) und ein 3:3 gegen Wattenscheid 09 folgten, sodass Wacker 04 insgesamt bereits fünf Spiele in Folge ungeschlagen war. Im Rückspiel beim DJK Gütersloh folgte dann allerdings der Rückschlag. In einem insgesamt ausgeglichenen Spiel hatten einige Wacker Kicker den Eindruck, dass der Unparteiische den Lila-Weißen nicht allzu wohlgesinnt war. Der Berliner Grundschulsportlehrer Reinhard Lindner war einer davon. Ansonsten eher der besonnene Typ, hatte er sich über eine Entscheidung des Schiris derart echauffiert, dass er im Anschluss ein schweres Frustfoul im Strafraum beging verbunden mit dem an die Adresse des Spielleiters gerichteten Satz: „So Schiri, und jetzt kannst du pfeifen!" Das brachte ihm die Rote Karte und den Güterslohern einen Elfer ein. Gerd ‚Zickzack' Roggensack, später u.a. Bundesligacoach in Kaiserslautern, verwandelte den Elfmeter zum 3:1 Endstand. Rainer Liedtke, privat ein guter Freund Lindners, verlor dann auch die Beherrschung: „Wie blind kann denn ein Schiri überhaupt sein", lautete seine weithin hörbare Reaktion, die dann auch den sofortigen Platzverweis zur Folge hatte. Die schöne Wacker-Serie fand so ihr dramatisches Ende.

Bei einem Aufsteiger ist es nichts Besonderes, wenn er bei seinen Heimspielen mehr punktet als auswärts. Wacker 04 verlor zwar auswärts auch sechsmal, allerdings immer nur mit einem Tor Unterschied. Vor allem aber, das Team war in der Regel ein ebenbürtiger Gegner. Nackenschläge blieben natürlich trotzdem nicht aus. Soeben noch mit 5:3 gegen die Arminia aus Bielefeld siegreich, die Ewald Lienen unter Vertrag hatten, ging es zu Hannover 96, die von dem beinharten Kulttrainer Helmut ‚Fiffi' Kronsbein, dessen Sohn Peter übrigens sechs Regionalligaspiele für Wacker 04 absolviert hat, auf Trab gehalten wurden, und als Meister später aufstiegen. – Vor Spielbeginn brachten sich die Wacker-Spieler mit einem leichten Trab auf Betriebstemperatur, während die Hannoveraner um Damjanoff, Dahl (schoss 23 Tore in dieser Saison), Kasperski (20 Saisontreffer), Stiller oder Stegmayer (19 Tore) das Aufwärmen in einem etwas anderen Stil praktizierten. Liedtke und Müller jedenfalls staunten Bauklötze, als sie das hektische Treiben auf der anderen Seite des Platzes wahrnahmen. „Da gingen alle an die Seitenlinie, trabten bis zum 16er, sprinteten dann volle Pulle durch den Strafraum. Anschließend das Ganze retour. 15 Minuten lang! Ich sagte zu Micha Müller: ‚Wie wollen die das nachher noch 90 Minuten durchhalten?'" Das deprimierende Resultat aber war eine 0:7-Klatsche. Zum Hinfallen gehört das Aufstehen. Eine Woche später wurde im Poststadion Fortuna Köln mit 4:2 bezwungen.

In der Rückrunde ging es dann aber wirklich nur noch gegen den Abstieg. Anfang April kam es zu dem eminent wichtigen Spiel gegen SW Essen. Vor wieder einmal dürftiger Kulisse im Poststadion siegte Wacker zum Glück mit 1:0. Wobei, Glück in dem Sinne hatten sie eigentlich nicht, denn ein eindeutiger Elfmeter, begangen an Liedtke, war mal wieder nicht gepfiffen worden. Anschließend gab Fritz Herz dem SFB ein von Wolfgang Mönch geführtes Interview. Mönch mit seiner warmen Stimme war für mich der Hertha BSC-Radioreporter schlechthin. Ehrfürchtig lauschte ich als junger Bengel seinen Worten. Was er aber in diesem Interview zur damaligen Situation meines Vereins zum Besten gab, war wirklich starker Tobak. Fritz Herz aber ließ sich durch noch so provokante Statements Mönchs nicht aus der Ruhe bringen, obwohl es in ihm gebrodelt haben muss. Wie es im Anschluss an die Öffentlichkeitsarbeit mit Mönch weitergegangen ist? Keine Ahnung. Vermutlich in etwa so, wie von Volker Finke praktiziert, wenn die Kameras aus waren. Oder von Christian Streich, obwohl oder gerade weil die Kameras noch auf ihn gerichtet sind.

Nicht erst seit heute sind die Fragen immer rhetorischer Natur, also vorweggenommene Antworten. Und die meisten Trainer tun den Reportern den Gefallen, denen genau das zu sagen, was die mit ihren Fragen ihnen bereits in den Mund gelegt haben. Löbliche Ausnahme ist Streich Krischan, der mit seinen Repliken, Gaudi pur, zumeist für Ratlosigkeit bei den Pressefritzen sorgt.

Aber lest einfach selbst, was und wie es sich damals zugetragen hat:

Mönch: Wacker Vorsitzender Fritz Herz gibt Auskunft
Herz: Ich habe ja immer gesagt, dass wir von der spielerischen Veranlagung nicht in Abstiegsgefahr geraten. Allerdings haben die letzten Wochen etwas anderes gezeigt. Dass das heutige Spiel nicht so gut laufen konnte, war klar, dazu war die Nervenanspannung zu groß.
Mönch: Zu groß ist auch die Belastung für die Wacker-Kasse. Wieder nur 725 zahlende Zuschauer, das treibt den Verein unweigerlich dem Bankrott entgegen. Wie hoch ist im Moment die Summe der Verbindlichkeiten?
Herz: Nun, die Summe der Verbindlichkeiten bewegt sich bei 200.000 Mark, wobei ich aber auf keinen Fall das Wort ‚Bankrott‘ gerne höre, denn so weit ist es noch lange nicht.

Mönch: Wie wollen sie aber jemals bei diesen Zuschauerzahlen diese Verbindlichkeiten tilgen?

Herz: Ja, das ist ganz einfach. Die Mannschaft muss jetzt, nachdem sie sich heute aus dem Abstiegskampf befreit hat, wieder eine bessere Leistung zeigen. Denn mit besseren Leistungen kommen gute Zuschauer, das hat man gesehen. Und wir haben immerhin noch sehr interessante Spiele in Berlin, gegen Hannover, Dortmund, Uerdingen usw. Und ich bin doch der Meinung, wenn die Mannschaft jetzt wieder frei aufspielen kann, dass sie bessere Leistung bringt und damit die Zuschauer kommen. (*Wolfgang Mönch lässt einfach nicht locker und bohrt penetrant nach.*)

Mönch: Wäre nicht am Ende der Saison der Abstieg und damit die Rückkehr ins Amateurlager, Herr Herz, der Weg, dass der Verein zumindest wirtschaftlich langsam aber sicher wieder gesunden könnte?

Herz: Nein, so sehe ich es auf keinen Fall. Wir werden natürlich im nächsten Jahr unter anderen wirtschaftlichen Voraussetzungen, sprich Verträgen mit den Spielern, zu spielen haben. Aber ich bin der Meinung, die Spieler werden damit einverstanden sein. Und somit werden wir keine weiteren Schulden machen. Im Gegenteil. Wir sind der Meinung, dass wir sie langsam wieder abbauen können.

Mönch: Mit anderen Worten; sie hoffen darauf, auch im nächsten Jahr eine Lizenz für die 2. Liga Nord zu erhalten?

Herz: Ja, wir haben eine Lizenz beantragt. Und wenn ich die ganzen Vereine sehe aus dem westdeutschen, süddeutschen Raum usw., dort sind wesentlich mehr Schulden als bei uns. Und wir haben uns schon einen ganz bestimmten Plan zurechtgelegt, wie wir im nächsten Jahr überstehen können.

Das muss man sich wirklich mal auf der Zunge zergehen lassen. Da wird ein Berliner Fußballverein, der nie auf Rosen gebettet war, Berliner Meister und Pokalsieger (beides 1972), spielt vier Mal, bei drei Vizemeisterschaften (1971, 1973, 1974) in der Regionalliga Berlin, die Aufstiegsrunde zur Bundesliga, und scheitert 1974 nur denkbar knapp. Daraufhin wird Wacker dazu verdonnert, in dem ungeliebten und schlecht zu erreichenden Poststadion seine Heimspiele auszutragen. Die Zuschauerzahlen gehen folgerichtig in den Keller. So kommt eins zum anderen. Supertorwart Pabst muss verkauft werden. Darüber hinaus verlässt Wolfgang John, der Siegtorschütze vom SW Essen-Match, 1975 aus gleichfalls finanziellen Gründen den Verein. Und dann kommt ein überschlauer Reporter daher und erdreistet sich vorzuschlagen, dass es für den Club das Beste wäre, das Handtuch zu werfen.

Mönch, die Zweite. Der das Spiel gegen Bayer 05 Uerdingen kommentierte. Und zwar wie folgt: „Die Hoffnungen des geplagten Wacker-Schatzmeisters erfüllten sich nicht. Denn bei nur 1.673 zahlenden Zuschauern kam er im Poststadion auch ohne die Bundesliga-Konkurrenz von Hertha BSC und Tennis Borussia nicht auf seine Kosten. Zum Leidwesen der wenigen Berliner Fußballfreunde erwies sich außerdem der Tabellendritte aus Uerdingen in den weißen Hemden von Anfang an als die technisch und taktisch bessere und vor allem schnellere Mannschaft. Wackers Angriffe waren dagegen meist zu breit angelegt", resümierte Mönch.

Um dieses „Gerede" (Verzeihung) richtig einzuordnen, muss ich etwas ausholen. Hertha BSC spielte in der Woche zuvor vor 91.000 (!) Besuchern gegen Spitzenreiter Borussia Mönchengladbach im Berliner Olympiastadion. Hertha siegte mit 2:1 und konnte sich zu dem Zeitpunkt sogar noch Hoffnungen auf den Meistertitel machen! Tennis Borussia hingegen war eine Woche nach Wackers Niederlage gegen Uerdingen bereits vorzeitig aus dem Oberhaus abgestiegen. Da erschienen dann auch nur noch 3250 (!) Zahlende. Wacker 04 war und blieb das Mauerblümchen des Berliner Fußballsports. Hertha hingegen war damals der Maßstab aller Fußballdinge im Westteil der Stadt, auch wenn der Bestechungsskandal nur vier Jahre zurücklag. Der hatte der betagten Dame offensichtlich nicht geschadet.

Bei deren Besucher-Andrang war es wirklich kein Wunder, dass allenthalben genügend Geld im Säckel war. TV-Gelder? Toto-Geld (immerhin rund 60.000 DM pro Saison!)? Fan-Artikel? Das alles steckte ja 1975 noch in den Kinderschuhen. Was vor allem zählte, waren die Einnahmen aus dem Verkauf der Eintrittskarten. Hertha BSC erlebte dann 1986 ja auch noch, was es heißt, nicht mehr „in" zu sein. Zum Abstiegsspiel aus der 2. Bundesliga gegen Freiburg, das 1:1 endete, erschienen lumpige 5300 Zuschauer.

Doch zurück zu den Lila-Weißen und ihrer Spielweise. Was an „breit angelegtem" Offensivspiel in den 70er Jahren verkehrt oder ungewöhnlich gewesen sein soll, ist auch nebulös. Das Spiel in die Breite ziehen und dann über den jeweiligen Flügel eine Flanke schlagen, das war doch das Fußballeinmaleins in jenen Tagen.

Gerade Wackers scharfe Eingaben von den Seiten konnte beispielsweise Uerdingens routinierter Keeper Manfred Kroke nur auf Grund seines großen Könnens ein ums andere Mal entschärfen. Und das 0:1 durch Friedhelm Funkel fiel auch wirklich nur deshalb, weil Wacker-Keeper Scholich, der zu dem Zeitpunkt bereits eine Sportbrille auf der Nase hatte, einen Ball, den er eigentlich schon geklärt hatte, wieder prallen ließ. Das 0:2 resultierte dann aber, der Wahrheit die Ehre, aus einem wirklich sehenswerten Angriff. Aber dass Uerdingen schneller und besser gewesen sei, nee, dieser Ansicht kann ich mich auch im Rückblick nicht anschließen.

Am letzten Spieltag der Saison kam es am 15. Juni 1975 zu einem tabellarisch eigentlich völlig bedeutungslosen Spiel. Wacker empfing Borussia Dortmund und besiegte die Truppe von Trainer Otto Knefler mit 3:1. Das Besondere an diesem Kick: Wacker war bereits gerettet, der große BVB konnte definitiv nicht mehr aufsteigen. Am Ende fehlten acht Punkte auf Hannover 96, den ersten Aufsteiger in die Bundesliga. Tabellenplatz sechs war ganz sicher nicht das erklärte Saisonziel der Borussen gewesen. Dieter Dose kommentierte in der „Westfälischen Rundschau" anderntags das Geschehen wie folgt: „Nur noch als lästige Pflichtübung betrachteten die Dortmunder Borussen die Reise nach Berlin. So gab es gegen Wacker 04 eine 1:3 Niederlage, die, wie Trainer Otto Knefler zugab, noch deutlicher hätte ausfallen können." – Liedtke (10.), Lunenburg (37.) und erneut Lunenburg (67.) erzielten im Übrigen die Tore des Nachmittags, nachdem Wolf in der 39. Minute für den zwischenzeitlichen Anschlusstreffer gesorgt hatte. Dose beschloss seinen Artikel mit folgenden Worten: „Bei den Dortmundern ragten Nerlinger (der Vater des späteren Dortmund und Bayern Profis, Anmerkung des Verfassers) als John-Bewacher, Wagner, Schildt und mit Einschränkungen Varga heraus. Varga hatte es aber gegen Hanisch (wie er ein früherer Herthaner) nicht leicht. ,Wacker hat mir schon beim Hinspiel in Dortmund sehr gut gefallen. Die Mannschaft ist spielerisch sehr stark' (Wacker verlor 0:2 vor 11.000 Zuschauern, Anmerkung des Verfassers), lobte Varga die Berliner. Trainer Knefler war trotz der Niederlage seinen Spielern nicht böse – er hatte wohl auch nicht mehr erwartet."

Saß zum Saisonfinale bei Wacker noch Zeljko Cajkovski auf der Trainerbank, nahm ab Sommer 1975 Georg Gawliczek seinen Platz ein. Merke: Bekannte Trainer gaben sich am Wackerweg die Klinke in die Hand!

Wacker beendete diese Spielzeit auf einem achtbaren 13. Rang. Daheim, sofern das Poststadion überhaupt diese Bezeichnung verdient, hatte es immerhin zehn Siege und fünf Remis gegeben. Man kann also wirklich von einer ‚Festung' sprechen.

Ein kurzer Blick sei auf die allerdings sehr kurze Amtszeit Cajkovskis (vom Februar bis Juni 1975) geworfen. Er startete mit einem famosen 4:2 Auftaktsieg gegen den VfL Wolfsburg, worauf zwei Remis folgten. Danach gab es durchwachsene Resultate, doch das Ende seiner Amtszeit geriet wahrlich zu einem filmreifen Endspurt. Nach drei Niederlagen in vier Spielen (inklusive eines entscheidenden Gegentors in Mülheim in der 85. Minute), war man sich im Vorstand einig, dass man den Trainer entlassen müsse. Doch dann trumpften seine Mannen wirklich auf, bewiesen Kampfqualitäten. Mit 1:0 wurde zunächst Hannover 96 bezwungen, ehe es bei Fortuna Köln eine freilich erwartbare 0:2 Niederlage setzte. Doch die letzten drei Partien wurden zu einem kleinen Triumphzug für Wacker und seinen unfreiwillig scheidenden Trainer. – Das 3:1 gegen den Hamburger SV Barmbek-Uhlenhorst hatte etwas Zwangsläufiges. Denn mit diesem Sieg hatte Wacker 04 alle fünf relevanten Clubs aus der Freien und Hansestadt Hamburg bezwungen: den großen HSV, St. Pauli, Victoria, Altona 93 und eben Barmbek-Uhlenhorst. Das anschließende 3:1 auf dem Aachner Tivoli war dann schon eine echte Hausnummer. In einem starken Endspurt hatten Lunenburg (68.), John (83.) und erneut Lunenburg (87.) für klare Verhältnisse gesorgt. Und zum Abschied gab es das bereits erwähnte 3:1 gegen Borussia Dortmund. Aus den letzten fünf Spielen wurden 8:2 Punkte bei einem Torverhältnis von 10:5 geholt. Tat da ein Trainerwechsel wirklich not? Die Tränen Cajkovskis nach dem Abpfiff in der Kabine machten eines überdeutlich klar: Da wurde eine Vaterfigur in die Wüste geschickt. Apropos: Interessant ist ein Blick auf die damaligen Mitgliederzahlen. Wacker 04 hatte immerhin 900 Mitglieder, der BVB nur 1.500 und Hertha BSC 1.800.

1975/76: Noch einmal gut gegangen

Ein neuer Coach am Wackerweg! Georg Gawliczek, vier Jahre Spieler und ebenso lange Trainer beim legendären FC Schalke 04, sollte fortan wenigstens Wackers Zweitklassigkeit sichern. Das lief zunächst ziemlich gut. 13:7 Punkte nach zehn Partien waren durchaus ansehnlich. Das 2:1 gegen Borussia Dortmund war der eindeutige Höhepunkt. Erstaunlich aber sind die Parallelen zwischen seiner Entlassung bei S04 und dem Rausschmiss bei Wacker mehr als zehn Jahre später. War Schalke zur Winterpause noch Tabellenzweiter in der Bundesliga gewesen, ging es in der Rückrunde unaufhaltsam bergab. Der Schalke Spieler Manni Kreuz resümierte später: „Der Gawliczek war der schlechteste Trainer, den ich je hatte. Der hatte überhaupt keine Linie." Ähnlich verlief nicht nur seine Wacker-Zeit, sondern auch auf seinen weiteren Stationen als Trainer folgten auf Erfolge unfehlbare Pleiten. Unfehlbare Pleiten. Gawliczek hatte sich vor der Saison beim Training an der Scharnweber Straße der SFB Abendschau sogar noch optimistisch gezeigt: „Unsere Spieler arbeiten alle noch täglich, sind erst am Abend erreichbar, können also erst abends ihre (sportliche) Arbeit verrichten, die wir für notwendig erachten. Aber sie sind mit großer Begeisterung dabei. Und das ist der Sinn der Sache, eigentlich. Wir disponieren etwas um, im Vergleich zum vergangenen Jahr, aber ich hoffe, dass es uns gelingen wird in keine Abstiegsschwierigkeiten zu kommen und ein Platz unter den ersten 5–6 zu erreichen." Was zunächst als recht versponnen klang, war aber gar nicht so abwegig: Da das Heimspiel gegen Tennis Borussia, welches eigentlich am 27.12. 1975 angesetzt war, vorgezogen wurde (Wacker bezwang TeBe im Poststadion verdient mit 2:1), stand Wacker mit einem Spiel mehr auf der Habenseite, am 10. Spieltag auf Rang 4! Einen Zähler hinter Spitzenreiter Bielefeld, aber noch vor Borussia Dortmund! Als unter Gawliczek aber im April/ Mai 1976 die Siege nicht mehr eingefahren wurden, und er nur 2:8 Punkte erreichte (1:2 Solingen (A), 1:1 gegen Preußen Münster (A), 1:1 in Bielefeld (A), 2:5 St. Pauli (A) und 0:3 Leverkusen (H) war seine Zeit in Berlin zunächst abgelaufen. Im März hatte Gawliczek seine Männer bereits nach einer 1:7 Heimpleite gegen Fortuna Köln, ob ihrer Lebensweise kritisiert, was sicher auch ein Knackpunkt für seine baldige Entlassung darstellte. Klaus Basikow betreute die Truppe dann bei der 1:3 Niederlage bei SW Essen, ehe „Atze" Altendorff den Ligaverbleib mit 4:4 Punkten sicherte. Mit nur einem mickrigen Pünktchen Vorsprung vor dem 1. FC Mülheim, der im Vergleich mit Wacker sogar die bessere Tordifferenz hatte!

Noch in der Winterpause der Saison 75/76 gab der Vorsitzende Fritz Herz dem SFB abermals ein aufschlussreiches Interview. Das

Gespräch beginnt im mir vorliegenden Ausschnitt mit einer von Herz in den Raum gestellten Anregung: Wir haben in der 2. Liga Nord nur von früher her bekannte Namen wie Borussia Dortmund, Wuppertal, Bielefeld. Aber die noch bekannteren spielen in der 2. Liga Süd mit dem 1. FC Nürnberg oder dem VfB Stuttgart. Und wenn man eines Tages dazu übergeht, beide Ligen zusammen zu legen, dann dürften auch die Zuschauer bessere und interessantere Spiele sehen. Und vor allem vom Namen her attraktivere Begegnungen.

Reporter: Wacker 04 hat sehr positiv abgeschnitten bisher in der 2. Liga Nord. Man ist umgezogen aus dem Poststadion, wo man fast unter Ausschluss der Öffentlichkeit spielte, hin zum Schmuckkästchen nach Reinickendorf. Hat sich dieser Umzug finanziell bezahlt gemacht? Und Zusatzfrage: Hat sich die Ablösesumme von Wolfgang John auf die Bilanz ihres Clubs ebenfalls positiv ausgewirkt?

Herz: Beides kann man mit Ja beantworten. Der Umzug auf den Wackerplatz war ja ein Wunschdenken unsererseits seit Beginn der 2. Liga, vor eineinhalb Jahren. Das erste Spiel gegen Bielefeld hat schon gezeigt, dass der Wackerplatz bei uns in Reinickendorf draußen viel Zuschauerattraktivität aufweist, und 5.500 Zuschauer im ersten Spiel lässt für die Rückrunde hoffen. Der Verkauf von John, da spielten mehrere Faktoren eine Rolle, letztlich die wirtschaftlichen. Wir können mit der Ablösesumme zufrieden sein. Sie ist nicht spektakulär hoch, aber sie reicht uns aus, um gut und gesund über die Saison zu kommen, um alle Forderungen unserer Spieler zu befriedigen. Und das ist letztlich das Wichtigste.

Reporter: Was wünscht sich der Präsident der Reinickendorfer Veilchen für das kommende Jahr?

Herz: Ja, für das kommende Jahr ein mindestens genauso gutes sportliches Abschneiden wie in der Hinrunde. Das heißt, einen vorderen Tabellenplatz halten, möglichst ausbauen, und den Favoriten noch dieses und jenes Bein stellen. Darüber hinaus vielleicht eine Mannschaft, die noch homogener wird und vielleicht auf dem ein oder anderen Posten noch verstärkt werden könnte, um dann im nächsten Jahr ganz vorne mitzuspielen.

Das oben erwähnte Spiel gegen Arminia Bielefeld – ich melde mich wieder zu Wort – darf als Meilenstein in der Geschichte von Wacker 04 bezeichnet werden. SFB-Reporter Jochen Sprentzel äußerte sich in seinem TV-Bericht entsprechend wohlwollend:

„Wieder daheim im eigenen Schmuckkästchen darf Wacker 04 endlich vor einer Kulisse spielen, die den großartigen Leistungen dieser Mannschaft gerecht wird. Mehr als 5000 Zuschauer belohnten besonders die wochenlangen Mühen der vielen ehrenamtlichen Helfer und Mäzene, ohne die ein Umzug nach Reinickendorf nicht möglich gewesen wäre. (…) Die Besucher sahen ein spannendes Spiel, das sehr gutes Zweitliganiveau hatte; ein Match mit effektvollen Toren."

Zunächst trafen die Arminen durch Balke zum 0:1. „Doch den Bielefelder Fans verging das Jubeln schnell", wie Sprentzel süffisant bemerkte. Und er fuhr wie folgt fort: „Denn nach halbstündiger Anlaufzeit zeigte Wacker 04, gesteuert von Hanisch, Hansen, Bien und dem Spielmacher Liedtke einen Angriffswirbel, in dem die im Gegensatz zu Wacker professionell trainierenden Bielefelder zeitweise restlos den Überblick verloren…"

Das 1:1 zeigte dann einen Rainer Liedtke, der „als Einfädler und Torschütze glänzte", wie Sprentzel sich ausdrückte. Liedtke hatte den Ball zunächst auf den Flügel gespielt und sich selbst anschließend im 16er der Arminen in Position gebracht. Im Strafraum wurde sein Schuss zwar zunächst geblockt, doch den Nachschuss donnerte er mit seinem starken linken Fuß ins rechte obere Eck. Drei Minuten später schlug der „enorm fleißige Ivangean" (Sprentzel) eine Ecke von links in den Strafraum, den Wolfgang ‚Buba' Hansen mit einem Bogenlampenkopfball ins lange Eck beförderte. Das Siegtor zum 2:1! Und im richtigen Stadion. Endlich!

Hier die Aufstellungen beider Teams dieses denkwürdigen Nachmittags:
Wacker 04: Scholich, Krüger (83. John), Hanisch, Bien, Hemfler, Hansen, Liedtke, Müller, Lindner, Ivangean, Fischer.
Trainer: Gawliczek
Arminia Bielefeld: Siese, Berg (58. Lienen), Gelsdorf, J. Hey, Mittendorf, Peitsch, Balke (77. Brosda), Wolf, Srowig, Wehmeyer, Graul. Trainer: Ahmann

Die Hinrunde der Saison hatte für Wacker im Übrigen gut begonnen. Nicht nur der Umzug an den heimischen Wackerweg mit dem glorreichen Sieg gegen die Ostwestfalen ging in die Vereinsgeschichte ein. Sondern auch ein Neuzugang machte schnell von sich Reden. Einer der ersten schwarzen Profifußballer in deutschen Profiligen trug nämlich ab 1975 das lila-weiße Jersey von Wacker 04. Es handelte sich um einen Spieler der WM 1974, den Haitianer Serge Racine. Wie konnte Wacker es sich leisten, trotz der notorisch klammen Kasse, einen Vollprofi zu verpflichten? – Egal wie, der Vorstand von Wacker hatte jedenfalls die großartige Idee, ihn nach Berlin zu holen, wo er übrigens heute noch lebt. Er spielte sechs Mal für Haitis Auswahl und war ein flinker, ballgewandter Mittelfeldakteur.

Liedtke wörtlich über seinen damaligen Mitspieler: „Er spielte einen richtig harten europäischen Fußball. Also, manchmal mussten wir in der Halbzeitpause überlegen, ob wir ihn lieber rausnehmen, weil er schon wieder vor einer Roten Karte stand."

Bei Wacker 04 wurde immer sehr von fehlenden Einnahmen geredet, speziell von Macher Fritz Herz. Doch vom Autor eruierte Zahlen belegen, dass Wacker von 1974 bis 1976, also in seinen ersten beiden Zweitligasaisons, insgesamt wenigstens 1,8 Millionen DM eingenommen hatte, von denen nur 500.000 DM, als weniger als ein Drittel im Laufe von Jahren zurück an den Berliner Senat zu zahlen waren. Die Gesamtsumme von 1,8 Millionen DM setzte sich wie folgt zusammen: 518.000 DM vom Berliner Senat (18.000 waren eine nicht rückzahlbare Hilfe), Spielertransfers (für Helmut Pabst, Wolfgang John, H.P. Hanisch und Rainer Fischer wurden rund 350.000 DM kassiert, wobei vor allem die nur 30.000 DM Ablöse für den guten 2. Ligastürmer Fischer merkwürdig preiswert anmuten), Toto Einnahmen (120.000 DM, 60.000 pro Spielzeit) , Zuschauereinnahmen (geschätzte 288.000 DM plus 347.000 DM), sowie Werbeeinnahmen (ca. 200.000 DM). Dass der Verein dann, nur etwa zwei Jahre später bereits, eine Schuldenlast von rund Million DM angestaut hatte, macht in diesem Zusammenhang eines deutlich: Unsolides Wirtschaften.

1976/77: Der bittere und unnötige Abstieg

Angeblich sind aller guten Dinge drei. Doch für Wacker 04 traf dies nicht zu. Das dritte Jahr in der 2. Liga Nord brachte den ersten bitteren Abstieg. Klaus Basikow war als Trainer zurückgekehrt. Zwei Jahre beim SV Meppen hatten dem Club aus dem Emsland zwar solide Plätze, aber keinen Aufstieg in die 2. Liga beschert. Basikows Ehefrau hatte auch ständig bei Rainer Liedtke angerufen, um diesem ihr Heimweh zu klagen. Und wohl auch, um herauszufinden, wie fest der aktuelle Trainer der Wackeraner im Sattel saß. Da Georg Gawliczek entlassen war, war der Weg nun frei für Basikow. Als ehemaliger Amateur-Nationaltorwart – Basikow machte zwei Länderspiele, eines davon im berühmten Londoner Wembley-Stadion – hatte er zunächst die Aufgabe, zwei Torhüter neu zu installieren. Denn Wacker Torhüter Axel Lange war Trainer im Berliner Amateurfußball geworden, und Peter Scholich hatte seinen verdienten sportlichen Ruhestand angetreten. Wacker verpflichtete dann für den Torhüterposten Manfred Kosmowski vom SC Staaken und Lutz Schultz von Olympia.

Darüber hinaus holte Wacker den gebürtigen Berliner Bernd Fetkenheuer vom Zweitligisten Wormatia Worms zurück an die Spree und engagierte mit Eberhard ‚Ebbe' Plehn von Rapide Wedding einen herausragenden Außenverteidiger, der bisweilen spielerisch an den Gladbacher Michael Frontzeck erinnerte. Doch das Drama der neuen Spielzeit war von Anfang an eine Flut an Gegentoren. Einem anständigen 2:2 gegen Preußen Münster folgten deprimierende Resultate: 2:5 bei Hannover 96, 0:3 gegen Wattenscheid 09 und 1:6 bei Bayer 05 Uerdingen. Im Tor stand Schultz, der jedenfalls in den mir bekannten Spielszenen wohl der Wacker-Keeper mit den schönsten Paraden war. Der auch Elfmeter hielt. Der aber leider unterm Strich doch nicht die optimale Besetzung eines Zweitligisten im Abstiegskampf war.

Doch als ehemaliger Scout weiß ich, dass in der Regel nicht der Spieler der Hauptschuldige ist. Meistens sind es die Verantwortlichen des Vereins, die einen Spieler verpflichten, der nicht ins Mannschaftsgefüge passt. Wer, wenn nicht Ex Bundesliga Keeper Basikow, wäre kompetent gewesen, den endgültigen Keeper auszuwählen?! Zunächst setzte man auf Schultz, dann wieder auf den leider bereits verstorbenen Kosmowski, aber der Weisheit letzter Schluss war beides nicht. Nun kann man freilich als finanziell nicht auf Rosen gebetteter Verein auf dem Transfermarkt keine großen Sprünge machen, aber vielleicht hätte die Lösung in Uerdingen gelegen. Denn Bayer 05 Uerdingen, übrigens damals mit mehr Mitgliedern und größerem Erfolg als der Namensvetter aus Leverkusen ‚gesegnet‘, und später dann auf Grund rein strategischer Gesichtspunkte vom Bayer-Konzern fallen gelassen, hatte in jener Spielzeit gleich drei formidable Torleute unter Vertrag. Den Oldie Manfred Kroke – er wurde im Oktober 1976 bereits 35 Jahre alt –, den 25-jährigen späteren Bundesliga-Keeper der Krefelder Paul Hesselbach und last but not least den erst 21-jährigen Werner Vollack. Wacker 04 hätte sich, meine Meinung, damals einen der drei wenigstens ausleihen sollen...

Der erste Sieg wurde über den SC Herford mit 3:2 durch Tore von Lindner, einem Eigentor der Herforder und schließlich Fischer in folgender Aufstellung errungen: Schultz, Bien, Fetkenheuer, Krüger, Thiel, Liedtke, Müller, Racine, Lindner, Fischer, Ivangean.

Wieder einmal war es die notorische Auswärtsschwäche, die Wacker den Kopf kosten sollte. Nur acht Auswärtszähler waren es am Ende auf fremdem Terrain. Aber dass die „Fußball-Woche“ in einer zweiseitigen und ansonsten schönen Rückschau von einem „sang und klanglosen Abstieg“ zu berichten wusste, entsprach dann doch nicht der Realität. Schließlich wurde Hannover 96 mit 2:0 besiegt. Zu diesem Spiel steht bei Hardy Grüne in seiner wunderschönen 96-Chronik „Rote Liebe“ in Sachen Zuschaueraufkommen übrigens folgendes geschrieben: „Wie unattraktiv die ‚Marke 96‘ geworden war, zeigte sich am 7. Mai 1977, als zum ersten Mal seit Ende des Zweiten Weltkriegs eine dreistellige Zuschauerkulisse bei einem 96 Pflichtspiel registriert wurde: Die 0:2-Niederlage bei Wacker 04 Berlin verfolgten exakt 700 Unverdrossene.“ Dazu sei aber angemerkt, dass in Berlin die Fans selten wegen des Gegners ins Stadion pilgerten. Es sei denn, die großen Bayern aus München gaben sich die Ehre. So sahen 1986 beim Aufstieg von Blau-Weiß 90 Berlin gegen Fortuna Köln sagenhafte 22.348 Besucher den 3:1 Sieg der Mariendorfer. Die Wenigsten wollten aber vermutlich die Fortuna aus Köln bestaunen, sondern fast alle schlicht und bestenfalls den nie erwarteten Aufstieg der Blau-Weißen feiern. Bei Herthas Abstieg aus der 2. Liga im selben Monat kamen nur 5.300 Unentwegte zum Spiel gegen Freiburg.

Zurück zur Spielzeit 76/77. Fünf Mal gewannen Basikows Mannen knapp mit 1:0. Ein alter Berliner Trainer, Fred Gragert, sagte einmal zu mir: „Wenn eine Mannschaft andauernd 1:0 gewinnt, dann stimmt etwas nicht!" Was genau er damit meinte, weiß ich nicht. Aber es stimmte. Wie auch später in der Verbandsliga Berlin. Basikows Team gewann ein ums andere Mal mit dem knappsten aller möglichen Ergebnisse, um am letzten Spieltag mit Hängen und Würgen die Liga zu halten. Zufall? Die Heimbilanz allerdings war in Wackers dritter Zweitliga-Spielzeit ausgeglichen. Zwar waren sieben Heimniederlagen kein Ruhmesblatt, aber 19:19 Punkte waren durchaus respektabel. Der Verein war am Ende der Spielzeit mit einer Million DM verschuldet. Sponsor Theodor Bergmann war sogar dazu bereit, in die Bresche zu springen, allerdings unter der Bedingung, seinen Skatbruder Fritz Herz zu entlassen. Der dann aber doch erneut dem Verein erhalten blieb.

Im November 1976 hatte es abermals ein aufschlussreiches Spiel mit ‚tragischem' Ausgang gegeben. Wacker empfing vor 1.100 Besuchern Arminia Bielefeld, die unter ihrem bekannten Coach Karl-Heinz ‚Kalli' Feldkamp als Tabellenzweiter angereist waren. Zur Halbzeit stand es auf unebenem Geläuf 0:1, doch die Veilchen waren im Grunde die bessere Elf. Wacker-Fan Helmut U. äußerte sich Anfang der 90er mir gegenüber mit folgenden Worten über dieses Match: „Dem Kali Feldkamp habe ich mit meinem Regenschirm durch den Zaun gedroht!" Der Grund für diesen Gefühlsausbruch war natürlich nicht der vom Schiri gepfiffene Elfmeter für unser Team. Kurt Boutry oder kurz Kutte war zur zweiten Halbzeit für Norbert Ivangean eingewechselt worden. Er war es, der gegen einen jungen Keeper namens Uli Stein antrat. Denn Liedtke, der etatmäßige Elfmeterschütze, verzichtete und überließ Boutry die Verantwortung, weil er der Meinung war, ein verwandelter Elfer wäre gut für das Selbstbewusstsein seines Kollegen.

Was dann passierte, hätte zum Schmunzeln Anlass geben können, wenn es nicht so traurig gewesen wäre. Denn Boutry trat derart heftig in den Rasen, dass das Leder mit Ach und Krach in den aufnahmebereiten Armen des hocherfreuten Torwarts der Arminen landete. Die einzigen, die in diesem Moment vor Schreck zur Salzsäule erstarrten, waren vermutlich die Regenwürmer unterhalb der Grasnarbe. Aus dem mehr als bloß möglichen Unentschieden wurde deswegen nichts. „Sag mal, Kutte, wie war das doch gleich mit deinem Elfmeter gegen Uli Stein?", wurde er folglich bis ans Ende seines Lebens immer wieder gefragt. Wer den Schaden hat, braucht für den Spott nicht zu sorgen.

Wirklich ärgerlich wurde es dann aber erst am Ende der Saison. Dem Tabellensechzehnten Bonner SC wurde vom DFB die Lizenz entzogen. Daraufhin trat der in Frankfurt beheimatete Verband an den Tabellensiebzehnten Göttingen 05 heran, ob sie nicht für die Bonner in die Bresche springen wollten. Göttingen aber verzichtete, und nun wurde beim SC Wacker 04 nachgefragt, ob sie nicht in der 2. Bundesliga verbleiben wollten. Und was soll ich sagen… Wacker 04 lehnte auch dankend ab! Diese Absage war vermutlich auf lange Sicht der finale Sargnagel für den Verein. Denn ein Verbleib in der 2. Bundesliga hätte sich mit Sicherheit nicht bloß sportlich rentiert. Als Beispiel ist die Union aus Solingen zu nennen. Mit satten sieben Punkten Rückstand auf Wacker 04, nahm der Verein aus der Stadt der Klingen dann den letzten freien Platz in der 2. Bundesliga Nord ein. Wirft der nostalgische Fan dann einen kritischen Blick auf die nachfolgenden Platzierungen der Solinger in der 2. Bundesliga, und zwar vor dem Hintergrund, dass sie erwiesenermaßen schwächer als Wacker 04 waren, dann kann einem schon mulmig in der Magengrube werden: Drei Mal nacheinander Neunter, anschließend Siebter, Sechzehnter in der neuen eingleisigen 2. Liga, Fünfter, Sechster usw. Satte 14 Jahre in Folge spielte der blau-gelbe Underdog in der 2. Bundesliga! Und das, obwohl man es in Sachen Trainerentlassungen locker selbst mit dem ehemals großen HSV oder Schalke 04 hätte aufnehmen können. Sage und schreibe 18 verschiedene Trainer haben die Solinger innerhalb weniger Jahre verschlissen. Als Wacker 04 1978 den Aufstieg zurück in die 2. Bundesliga Nord schaffte, sagte Fritz Herz: „Hätten wir die Aufstiegschance nicht wahrgenommen, wäre die Mannschaft auseinandergefallen. Und der Abbau unserer Schulden ist in der zweiten Liga eher möglich als in der Amateur-Oberliga". Warum, so frage ich, war man nicht bereits im Mai 1977 auf diesen eigentlich recht simplen Gedanken gekommen?

1978/79: Abgeschlagen und doch fast drin geblieben

Aufgestiegen waren die Veilchen mit einer (fast) makellosen sportlichen Bilanz. Ungeschlagen in der Berliner Oberliga holte der Berliner Meister 53:7 Punkte bei 94:25 Toren. In die 2. Bundesliga zurückgekehrt waren sie übrigens unter Trainer Peter Berg. Der hatte zur Rückrunde die Mannschaft von Klaus Basikow übernommen, der derweil Tennis-Borussia in der 2. Liga coachte. Basikow war also nicht ganz unbeteiligt an der Rückkehr der Veilchen in die 2. Liga.

Die Aufstiegsrunde zur 2. Bundesliga war zudem wirklich famos verlaufen. Inklusive zweier gehaltener Strafstöße durch Keeper Schultz! Zum Start gab es ein hart umkämpftes 3:3 gegen Holstein Kiel. Danach folgten zwei Remis gegen Olympia Bocholt (2:2) und den OSV Hannover (1:1), ehe Eberhard ‚Ebbe' Plehn mit seinem „goldenen Tor" beim 1:0-Sieg in Hannover das Tor zur 2. Bundesliga weit aufstieß. Die scheinbar unverwüstlichen Wackeraner schafften schlussendlich durch einen 2:0 Erfolg über Olympia Bocholt am heimischen Wackerweg den Wiederaufstieg in die 2. Bundesliga Nord. Die folgende Niederlage (0:1) in Kiel hatte nur noch statistischen Wert. Die Kieler Fans stürmten nach dem Abpfiff den Rasen und bejubelten den erstmaligen Einzug ihrer „Störche" in die 2. Bundesliga. Am Wackerweg hingegen hatte sich die Euphorie beim entscheidenden Heimsieg mal wieder in Grenzen gehalten.

Der „Kicker" kommentierte den Aufstieg in Form einer merkwürdigen Mischung aus Anerkennung und Mitleid: „Immerhin hatte der langjährige Vorsitzende Fritz Herz für seine Männer wenigstens einen Blumenstrauß herbeigezaubert, als die Bocholter nach dem entscheidenden Aufstiegsspiel 2:0 geschlagen und mit hängenden Köpfen vom Platz schlichen. Die 1100 Zuschauer applaudierten freundlich, doch weder Spieler noch Trainer Berg wurden vor Begeisterung vom Platz getragen. (...) Das ändert nichts an der Tatsache, daß ganz Fußball-Berlin zumindest aus der Ferne die Leistungen der Wackerelf mit großem Wohlwollen und Sympathien verfolgt. Man ist zwar nicht bereit, den weiten Weg nach Reinickendorf, wo in der Nähe des Wackerplatzes sowieso die Parklätze rar sind, in Kauf zu nehmen und acht Mark Eintritt zu zahlen, doch alle ziehen symbolisch den Hut vor dieser braven Mannschaft, die unter primitivsten Verhältnissen (sic!) und sparsamsten Prämien die Konkurrenz aus dem Westen und Norden auf die Plätze verwiesen hat. Erstmalig geschlagen am letzten Spieltag der Saison, nachdem man in der Oberliga einen Rekord aufgestellt hatte, wie ihn vor 12 Jahren noch nicht einmal die unter Profimaßstäben fürstlich bezahlten Lizenzspieler von Hertha BSC erreichten – ohne Niederlage!"

Wacker 04 war inzwischen mit etwa 750.000 DM hoch verschuldet. Es gab deshalb strenge Auflagen seitens des DFB, und von Verstärkungen konnte angesichts dieser verheerenden Finanzlage keine Rede sein. VBB Präsident Eberhard Hartlep hatte beim DFB aber auf „Schönwetter" gemacht, damit Wacker 04 überhaupt die Lizenz bekam. Überaus tragisch, dass dieser sympathische Mann drei Jahre später mit nur 59 Jahren im Anschluss an einen Urlaub plötzlich verstarb. Kurioserweise zeigte sich diesmal auch der Berliner Senat den Wackeranern gegenüber generös. Hatten die Spieler zum einen darüber geklagt, dass sie oft direkt nach der Arbeit per PKW zum Auswärtsspiel reisen mussten, dann war es zum anderen ein unhaltbarer Zustand, dass oft die Reisebusse nicht bezahlt wurden oder bezahlt werden konnten. Endlich zeigte man sich beim Senat aufgeschlossen für die Nöte des Vereins!

Dieter Dose berichtete vor dem Saisonstart zur letzten Profispielzeit der Veilchen: „Abgesehen von den langfristigen Verpflichtungen, die wirtschaftliche Ausgangsbasis ist besser: Die Wacker-Elf der Saison 78/79 braucht nicht mehr strapaziöse Busfahrten nach Aachen oder Wattenscheid auf sich nehmen, der Vorstand muß nicht mehr auf ‚Pumptour' gehen, um die Hotelrechnungen bezahlen zu können. Reise- und Hotelkosten bei Auswärtsspielen werden voll vom Berliner Senat getragen. Ebenfalls die Organisationskosten bei Heimspielen (Platzordner, Schiedsrichter usw.) In Zahlen: Rund 160.000 bis 180.000 DM." Aus Rainer Liedtkes Erinnerungen, wie es bei den Hotelübernachtungen oft zugegangen war: „Wir hatten ja nur die feinsten Hotels. Maritim und so. Aber es gab halt finanziell schwierige Phasen und Fritz sagte dann zu uns Spielern; ‚Wenn der Bus nachher vorfährt, bloß nicht aufhalten lassen, alle Mann rein und Abfahrt'. Er sagte dann noch schnell zum Hotelpersonal: ‚Wird überwiesen!'. Aber das macht ein Verein vielleicht 2 – 3-mal und dann sprach sich das natürlich herum."

Fritz Herz gab bereits vor der Aufstiegsrunde zur 2. Liga dem SFB-Reporter Jochen Sprentzel auf dem Gelände des Vereins ein Interview. *Sprentzel:* Die Amateurmeisterschaft scheint entschieden zugunsten von Wacker 04, Fritz Herz. Jetzt können Sie Überlegungen anstellen, was Sie nun machen wollen, ob Sie noch einmal das Abenteuer 2. Liga eingehen wollen. Wie steht es damit? *Herz:* Ja, wir sind bereit, dieses Abenteuer noch einmal einzugehen. Unter ganz anderen Voraussetzungen ja jetzt. Der Senat hat den Standortnachteil Berlins gewürdigt, und es gibt Subventionen, die 170.000 Mark ausmachen in etwa. Und das war ja etwas, was uns drei Jahre lang gefehlt hat. Dann wissen wir auch besser Bescheid, was die Verträge mit unseren Spielern angeht. Die werden zuschauerbezogen abgeschlossen. Und so könnten wir, wenn wir die Aufstiegsrunde erfolgreich überstehen, noch einmal das Abenteuer 2. Liga eingehen. *Sprentzel:* Auf der anderen Seite drückt Sie natürlich noch eine erhebliche Schuldenlast aus den Jahren in der 2. Liga. Wie kann das bewältigt werden? *Herz:* Ja, das ist richtig. Wir haben weitgehend langfristig alle Verbindlichkeiten umstellen können. Wir haben sehr viel Entgegenkommen der einzelnen Institutionen gefunden, und somit sind unsere monatlichen Belastungen dann nicht so groß, so dass ich keine allzu große Gefahr sehe, dass wir keine Lizenz erhalten werden. *Sprentzel:* Nun ist es klar, dass die Mannschaft noch verstärkt werden müsste, wenn sie das nächste Mal in der 2. Liga erfolgreicher sein will. Aber woher nehmen, wenn kein Geld vorhanden ist? *Herz:* Ja, das ist richtig. Wir können wahrscheinlich nur mit Ausleihen von Spielern oder mit Berliner Amateuroberliga-Spitzenspielern die neue Saison in der 2. Liga angehen. Und Sie werden ja sicherlich wissen, dass es in der Amateur-Oberliga einige gute Talente gibt.

In der Hinrunde kam es an einem Sonntag im Dezember zu einem denkwürdigen Heimspiel gegen die grüne Arminia aus Hannover. Dieser Kick stellte die Wasserschlacht bei der WM 1974 gegen Polen noch in den Schatten. Der ganze Platz eine einzige Pfütze. Wasser- statt Fußballsport stand auf dem Programm… Der norddeutsche Schiedsrichter Kopka allerdings, der laut dem SFB-Reporter „Freistoßentscheidungen am laufenden Band treffen musste", hatte den

Platz aber für bespielbar erklärt! Gegenüber dem TV erklärte er auf Rückfrage im Anschluss an den ‚Wahnsinn‘ wörtlich: „Der Schiedsrichter hat grundsätzlich drei Kriterien zu beurteilen. Einmal ist darauf zu achten, dass die Spieler nicht gefährdet sind. Das scheint mir hier bei den heutigen Bodenverhältnissen nicht gegeben (sic!). Zum anderen ist darauf zu achten, ob der Spieler mit den Schuhen im Boden versinkt; das heißt, nicht tiefer als bis zum Knöchel, und das könnte auch bei Schneefall gegeben sein. Und zum dritten muss der Ball einwandfrei rollen. Diese Kriterien waren heute gegeben, sodass keine Veranlassung für mich bestand, das Spiel nicht anzupfeifen.“

Diese Schiri-Aussagen waren durchaus als ‚eigenwillig‘ einzustufen. Jedenfalls hätte Bien nach einem Foulspiel „doppelt vom Platz gestellt werden müssen“, wie Mannschaftskamerad Liedtke später anmerkte. Doch der Unparteiische war den Wackeranern vielleicht doch nicht so feindlich gesinnt. Wie auch immer, am Ende setzte es bei diesem feuchten Glücksspiel am Wackerweg eine 0:2 Niederlage.

Wenigstens drei wirkliche Höhepunkte gab es in dieser Saison trotz allem. Dazu zählte allein schon die Begegnung gegen Rot-Weiß Essen. Die Essener waren ja seit jeher eine echte „Produktionsstätte für Torjäger“. Das begann mit dem ‚Boss‘ und WM-Held Helmut Rahn und setzte sich kontinuierlich fort. Willi ‚Ente‘ Lippens, Horst Hrubesch, Manfred Burgsmüller, Frank Mill, Jürgen Wegmann.

Wacker war schon zu Beginn der Spielzeit fast aussichtslos ins Hintertreffen geraten und fand sich bereits Ende August auf dem letzten Tabellenplatz wieder. Einem Sieg gleich im ersten Spiel waren, inklusive Pokal, sieben Niederlagen in Serie gefolgt, ehe RWE anreiste. Nur 572 Besucher sahen dann einen 1:0 Sieg der Wackeraner. Unerwartet, wie eigentlich immer, wenn die ‚Fußballfreunde‘ die Lila-Weißen bereits abgeschrieben hatten. Bei dem Club aus dem Ruhrgebiet, das zu erwähnen ist wichtig, spielten wirkliche Spitzenfußballer. Man denke nur an Matthias Herget, der gerade vom VfL Bochum gekommen war, und der wohl bis auf den heutigen Tag einer der besten Liberos der Bundesliga-Historie gewesen ist. Dazu kamen noch Siegfried Bönighausen, der später auch beim VfL Bochum Erstligaluft schnupperte, der viel zu früh verstorbene Manfred Mannebach, der an Krebs gestorbene Deluxe-Mittelfeldspieler Wolfgang Patzke und, nicht zuletzt, Frank ‚Fränki‘ Mill und der treffsichere Karlheinz Meininger! Dabei waren die 04er ohne ihren Spielmacher Liedtke angetreten, und Leder musste wegen einer Grippe ausgewechselt werden.

„Wackers Sieg ist verdient, aber es war unsere schwächste Leistung seit Wochen", stellte Essens Coach Diethelm Ferner nach der Partie ernüchtert fest. Nach dem Schlusspfiff kam, ehe ich's vergesse, noch Bewegung in den Essener Anhang. Aufgebrachte RWE-Anhänger wollten die Kabine stürmen und Manager Janos Bedl ans Leder. – Reporter Klaus Dieter Dose hingegen hielt sich in seinem Bericht vorwiegend an das wirklich Sportliche: „Man darf die taktisch hervorragende Leistung des Berliner Tabellenletzten nicht unterbewerten. Geradezu meisterhaft wurde das Tempo verschleppt, ohne daß die Essener dagegen ein Mittel fanden. (…) Torjäger Mill aber wurde von Fetkenheuer völlig ausgeschaltet."

Mitte März 1979 kam es an der Esssener Hafenstraße zum Rückspiel. Es regnete in Strömen. Fetkenheuer, der, wie seine Mannschaftskameraden, 16 mm-Stollen mit Scheibe auftrug, wandte sich vor dem Einlaufen an Frank Mill: „Na Fränki, meinst du, die reichen für dich?" Doch dieses Mal war an dem Sieg der Essener letztlich nicht zu rütteln. Meininger (3.), Mill (13.) und Bönighausen (27.) machten vermeintlich schon vor dem Pausentee den Deckel endgültig zu. Doch Wacker bäumte sich vor den nur 3.500 Zuschauern immerhin noch einmal auf. Lindner (50.) und Liedtke (74.) sorgten mit ihren zwei Gegentoren doch noch für Spannung. Liedtke traf sogar noch zum vermeintlichen 3:3, aber der Schiri verweigerte dem Treffer seine Anerkennung. Selbst Essens Vorstand verstand diese Entscheidung nicht…

Der lila-weiße Abend: Als das Berliner Olympiastadion Wacker 04 gehörte

Im Berliner Olympiastadion hatte Wacker 04 schon des Öftern spielen dürfen. Doch zumeist erinnert sich die Veilchen-Seele nur an deftige Niederlagen im Charlottenburger Westend. Etwa im Pokal gegen den 1. FC Nürnberg oder auch in der Bundesliga Aufstiegsrunde 1971, in der man u.a. von den Offenbacher Kickers und deren Topstürmer Erwin Kostedde mit 0:6 zerlegt wurde. Ungefähr 50.000 Besucher im Berliner Olympiastadion – offiziell sollen es

exakt 45.497 gewesen sein, was ich für reichlich untertrieben halte –
sahen allerdings in dieser recht trostlosen Spielzeit am 13. Spieltag Tennis Borussia gegen Wacker 04 mit 1:2 verlieren. Das Pressefoto nach
Schlusspfiff, als sich Vereinsboss Fritz Herz und sein ewiger Lieblings-
trainer Klaus Basikow auf der Tartanbahn im Abendlicht umarmten,
ist fürwahr ein Hochgenuss für alle Fußballtraditionalisten dieser Stadt!
Noch einmal zurück zu den Zuschauerzahlen. Eine exakte An-
gabe war auch bei diesem Spiel allein deswegen ausgeschlossen, weil
die Berliner Sparkasse vor allem an Kinder und Frauen Eintrittskarten für Umsonst verteilt hatte. Rainer Liedtke jedenfalls schwört
Stein und Bein, dass bei diesem Spiel mindestens 60.000 Zuschauer
zugegen gewesen sind.

Wie auch immer, es war auf jeden Fall ein spektakuläres Lo-
kalderby. Spektakulär nicht zuletzt deswegen, weil schon vor dem
ersten Pfiff von Schiedsrichter Risse aus Hattingen der Kabarettist
und das TeBe Urgestein Wolfgang Gruner per Hubschrauber das
Spielgerät ins weite Rund eingeflogen hatte! Dieses Ereignis hatte
dann offenbar noch extra motivierend auf beide Teams gewirkt.
TeBe in gewohntem Lila und Wacker in ungewohntem Blau-Weiß
legten gleich los wie die Feuerwehr. Schilling traf schon in der 5. Minute zur Führung für Tennis Borussia, weil Wacker Keeper Schultz
einen 30-Meter Schuss von Marczewski nicht festhalten konnte. Ein
fortwährendes Dilemma übrigens, das im Saisonfazit unten noch
einmal erläutert wird. Doch Wacker schlug binnen vier Minuten
zurück. Ausgerechnet das Geburtstagskind Michael Müller, der an
diesem Tag 34 wurde, traf nach einem Sololauf von der Mittellinie.
Obwohl der für die Defensive zuständige Spieler bislang nicht dadurch aufgefallen war, Torgefahr zu verströmen. Sein kleiner Sohn
Jan, der Jahre später auch für Wacker auflaufen sollte, war schier aus
dem Häuschen: „Mein Papa", jubelte er im Beisein seiner Mutti auf
der Tribüne, „das ist ja mein Papa!"

Rudi Rosenzweig wandte sich im Anschluss an das Spiel, nicht
zuletzt des hohen Besucheraufkommens wegen, an potenzielle Sponsoren mit folgenden Worten: „Warum engagieren sich nicht mehr
große Berliner Firmen und Institutionen für den Sport?" Immerhin,
Wacker hatte in jener Saison erstmals eine Brustwerbung auf den
Trikots, und zwar für „Joe's Bierhaus". Aber große finanzielle Sprünge
konnten die 04er damit sicher nicht machen. Die Spieler Herthas

sollten zwei Jahre später das Logo der Berliner Sparkasse auf ihrer Brust tragen, was vermutlich ungleich lukrativer gewesen ist.

Was das rein Sportliche des Spiels betraf, äußerte sich Rosenzweig wie folgt: „Die Garanten des Erfolgs der Weiß-Blauen Reinickendorfer standen aber in der Abwehr mit dem Klassemann Bien, schlechthin bester Mann auf dem Platz (sic!), dem eiskalten Lindner, der gegen Sprenger seine unbezahlbare Erfahrung voll ausspielte, und Plehn." Das Tor zum Sieg erzielte Liedtke in der 85. Minute mit einem etwas über die Stirn gerutschten Kopfball, als er sich unbemerkt in den gegnerischen Strafraum geschlichen hatte. Tennis Borussias Trainer Reinhard Roder konnte sich danach nicht enthalten, TeBe Keeper Welz öffentlich für das Tor verantwortlich zu machen. Egal wie, ‚Ratze' war mal wieder „Man oft he Match". Und dazu wäre es um ein Haar nicht einmal gekommen, einfach deshalb, weil er beinahe nicht ins Stadion gelangt wäre! Als hauptberuflicher Postbeamter hatte er nämlich an jenem Samstag bis in den Nachmittag hinein Dienst schieben müssen, und es war gar nicht so leicht für ihn gewesen, als zu spät Gekommener den Ordnern des Olympiastadions zu verklickern, dass er ein Aktiver der Wackeraner sei. Spätestens nach dem Spiel werden die sich ein für alle Mal gemerkt haben, wer zwei Stunden zuvor Einlass begehrt hatte.

Eine Episode, welche die Strapazen der Berliner Halbprofis unterstreicht, sei an dieser Stelle noch erlaubt. Wacker kickte im September 1976 bei der SG Union Solingen. Was hier alles passierte und schief ging, ist im Nachhinein köstlich und hanebüchen zugleich. Die Mannschaft reiste an einem Mittwoch per Flugzeug an, was nach gutem Plan klang. Da es damals keine Navis gab und der Busfahrer offenbar den 20 km Weg vom Düsseldorfer Flughafen zum Spielort nicht kannte (bzw. die möglichen zu erwartenden Staus), benötigten die Wackeraner geschlagene 2 Stunden bis zum Stadion (!) Zehn Minuten vor dem Anpfiff (die Jungs machten sich noch im Bus spielfertig, und Ingo Krüger zeigte Solinger Passanten an der Scheibe, als sich das Vehikel an einer Fußgängerzone befand, seinen nackten Hintern), kam die Mannschaft im Stadion an. Zehn Minuten vor dem Anpfiff! Stress pur. Nur einer war bereits mutterseelenallein in der Klingenstadt angekommen; Wacker Libero Peter Bien. Wegen seiner Flugangst war er mit eigenem PKW angereist und zog sich einsam in der Gästekabine um. Das war dann echt ein kurioser Anblick für die Solinger Spieler; bei Wacker turnte ein Spieler zum Warmmachen herum… Wacker Keeper Schultz musste kurz vor dem Anpfiff auch noch verletzungsbedingt passen, so dass Manfred Kosmowski unverhofft und „kalt" sein 2. Ligadebüt „feiern" durfte. Wacker geriet in Rückstand, und als Bien nach einem Solo über den Platz im Solinger Strafraum umgenietet wurde, und der Elfmeterpfiff (mal wieder) ausblieb, sah Wackers Thiel in der 50. Minute nach seinem Ruf zum Schiedsrichter „Was pfeifst du denn da?" auch noch die Rote Karte. In der 67. Minute kam Wacker in dezimierter Formation noch durch Liedtke zum Ausgleich, was aber Fritz Herz dennoch nicht recht beruhigen konnte. Er musste lauthals meckernd vom Feld gedrängt werden! Aber Wacker holte den Punkt. Da man nach dem Anpfiff in Eile war, half eine Blaulicht-Eskorte der dortigen Polizei, den Spielern schneller zum Flughafen Düsseldorf zu gelangen. Doch als der Tross dort eintraf, sah er nur noch das Abheben der gebuchten Air France Maschine…

Also fuhr man durch Düsseldorf um ein Hotel zu buchen, doch diese Chance bestand nicht; da gerade Messe in der Stadt war. Also raus nach Langenfeld mit Taxis…Am nächsten Tag ging es dann per Flieger (endlich) nach Berlin. Dort angekommen, verdrehten die lila-weißen Helden unfreiwillig den Schlager „Ich hab' noch einen Koffer in Berlin." Denn der Mannschaftskoffer weilte noch immer in Düsseldorf.…

Am 6. Juni 1979, jetzt kommt doch Trauer auf, verabschiedete sich Wacker 04 für immer von der Profifußballbühne. Immerhin mit einem versöhnlichen Resultat, denn am Ende stand ein 1:0-Heimsieg gegen Holstein Kiel. Zugegen waren 250 (!) Zuschauer. Treue ist wahrscheinlich nicht nur in Berlin ganz entscheidend vom Erfolg oder Misserfolg abhängig. Ausgerechnet wenige Wochen vor dem 75-jährigen Vereinsjubiläum waren die hochfliegenden Träume des Vereins ausgeträumt.

Weil es das in dem Sinne letzte Spiel war, hier die Namen inklusive Altersangaben der Spieler mit Wehmut im Herzen notiert: Schultz (24), Krüger (28), Bien (28), Fetkenheuer (32), Müller (34), Lindner (34), Liedtke (28), Schwarze (29), Kuntze (21), Prill (22), Knodel (23). Das Durchschnittsalter betrug somit 27,8 Jahre.

Dass ein Verein als Tabellenletzter nicht großartig zu lamentieren braucht, ist klar. Aber in dieser Saison lagen die Dinge mal wieder auf Grund der merkwürdigen Statuten des DFB etwas anders. Wacker 04 hatte lediglich einen Punkt weniger als der Vorletzte RW Lüdenscheid und dabei sogar noch das um drei Tore bessere Torverhältnis. Da dem FC St. Pauli die Lizenz entzogen worden und gleichzeitig für Westfalia Herne der „Goldrausch" unter Herrn Goldin beendet war, bei gleichzeitigem Verlust der Lizenz, durfte der Tabellenneunzehnte der 2. Liga Nord tatsächlich in der Folgesaison zweitklassig bleiben. Es fehlte am Ende also ein lausiges Pünktchen! Das beispielsweise im Heimspiel gegen den TSV Bayer 04 Leverkusen hätte ergattert werden können. But what shalls?!

Schon vor der Spielzeit übrigens hatte Kicker-Reporter Dose den Veilchen wenig Hoffnung gemacht in Hinblick auf ihren Verbleib in der 2. Bundesliga Nord. „Wacker 04 ist für mich ein heißer Kandidat auf den Abstieg. Die Abwehr ist der stärkste Mannschaftsteil, da sie bis auf zwei Ausnahmen über Zweitligaerfahrung verfügt. Zwei gute Mittelfeldspieler, also Liedtke und Racine, machen die Schwäche des Angriffs, für den der 33jährige Reinhard Lindner noch einmal reaktiviert wurde, nicht wett." Dose mahnte abschließend: „Ein Vollstrecker und ein weiterer guter Mittelfeldspieler fehlen."

Besonders verwunderlich war in diesem Zusammenhang, warum Wacker nicht den jungen, aufstrebenden Angreifer Peter Pagel vom SBC verpflichtete. In seiner Nachbetrachtung zur Saison im Kicker brachte dann Rainer Fritzsche die Defizite der tapferen Wackermannschaft schonungslos auf den Punkt. Nachdem er zunächst die Schwäche im Angriff thematisiert hatte, schloss er wie folgt: „Ein weiterer gravierender Grund für die schlechte Platzierung war die wenig konstante Form der beiden Torhüter Manfred Kosmowski und Lutz Schultz, die der Mannschaft im Abstiegskampf nur selten den erforderlichen Rückhalt geben konnten. Vor allem in den Auswärtsbegegnungen brachten zahlreiche Patzer der Torsteher die Wackeraner so manches Mal um den Lohn ihrer Bemühungen. Vom spielerischen Niveau her vermochten die Nordberliner mit einem Großteil der Zweitligisten mitzuhalten, aber die schlechte Chancenverwertung, schwache Torhüterleistungen, fehlendes Selbstvertrauen und dazu häufig noch ein Nachlassen der Kräfte mit zunehmender Spielzeit besiegelten das Schicksal der Wackeraner, deren Anstrengungen, die Klasse zu halten, vom Berliner Publikum leider nur in geringem Maße honoriert wurden." Bingo und voll ins Schwarze getroffen!

Vor allem die Auswärtsbilanz von Wacker war wirklich unterirdisch. Einem (!) Sieg über TeBe standen ein Remis und 17 (!) Niederlagen gegenüber. Das legt den Gedanken nahe, als habe der Trainer auswärts die Reserve in das jeweils anstehende ungleiche Kräftemessen geschickt. Hatten sie daheim wirklich respektable 18:20 Punkte erzielt, waren es auf fremden Plätzen in der Summe 3:35 Punkte, bei nur 14 erzielten Toren. Und, ich wiederhole mich, trotzdem hätte ein lumpiger Punkt zum Ligaverbleib gereicht, und der SC Wacker 04 hätte dann mit einer Million Mark Schulden im Gepäck anstatt RW Lüdenscheid weiter mittun dürfen. Hätte, hätte…

Wackers Dauerproblem in den vier Zweitligajahren, ich wiederhole mich, lag auch darin begründet, dass die Fahrten zu den Auswärtsspielen für die Halbprofis kräftezehrend waren. Würde der Bus noch rechtzeitig am Spielort ankommen? Klaus Basikow erinnerte sich im Beiheft einer Ausstellung zum Reinickendorfer Fußball des Heimatmuseums Hermsdorf. „Die schlimmste Fahrt ging nach Aachen. Ein Wochentagspiel (es war ein Freitag, der Verfasser). Morgens fuhren wir bei Regen in Berlin ab. Daraus wurde zuerst Schneeregen, dann Schnee. Die Straßenverhältnisse verschlechterten sich rapide. Der Bus kroch im Schneckentempo über die Autobahn. (…) Wir hatten ständig den Druck im Nacken, dass wir abends um 20:00 Uhr spielen sollten. Wenn wir nun nicht rechtzeitig ankamen…?! Wir schafften es. Bei Anpfiff stand unsere Mannschaft auf dem Platz. Aber von ausgeruht konnte keine Rede sein." Wacker unterlag mit 0:3 und verlor Fetkenheuer und Liedtke auch noch per Platzverweis.

Lag hier also noch wetterbedingt höhere Gewalt vor, konnte man es sich aber auch selbst schwermachen. Vor allem dann, wenn man immer genau das tut, was der Trainer will, dass man tut. Und das kam so: Georg ‚Schorsch' Gawliczek war fast die gesamte Spielzeit 75/76 Trainer der Veilchen. Zuvor war er in der Geschichte der Bundesliga die Trainerentlassung Nummer 2 (1964 bei Schalke 04, wo er immerhin vier Jahre gewirkt hatte) und später die Entlassung Nummer 11 (1966 beim Hamburger SV). Damit war er der erste Trainer, den es zwei Mal „erwischt" hatte. Jedenfalls gastierten die Wackeraner in einem Schlosshotel in Gelsenkirchen, und Gawliczek kam im Anschluss an das Mannschaftsessen auf die grandiose Idee, seinen Jungs noch einmal etwas Geschichtsträchtiges vor Ort zeigen zu wollen.

Rainer Liedtke erinnerte sich im Halbdunkel einer gemütlichen Berliner Gaststätte unweit des Wackerplatzes beim Verzehr einer Bockwurst mit Senf mit einem vergnügten Lächeln im Gesicht: „Und dann sagte er, Jungs, wir machen noch eine kleine Runde. Und dann zeige ich euch mal die alte Kampfbahn-Glückauf. Wir verließen also das Hotel. Ein, zwei Querstraßen weiter bogen wir ab und haben noch Scherze gemacht. Was soll ich sagen? Wir haben uns dermaßen verlaufen. Und dann mussten wir zum Bus rennen, um überhaupt noch pünktlich zum Spiel in Wattenscheid zu kommen." Jedenfalls sprach die Wacker-Auswärtsstatistik Bände. Im ersten Jahr waren es nur zwei Auswärtserfolge bei St. Pauli und bei Alemannia Aachen. Im zweiten Jahr errangen sie sogar nur noch einen Sieg auf (relativ) fremdem Geläuf. Beim Spandauer SV endete das Spiel 2:3. In der Abstiegssaison 76/77 reichte es erneut zu lediglich zwei Siegen; die Kicks gegen Westfalia Herne und Göttingen 05 gingen beide 0:1 aus. Absolut desaströs gestaltete sich das letzte Zweitligajahr 78/79. Auf einen Sieg, der dann auch noch ausgerechnet im Berliner Olympiastadion erkämpft wurde, kamen bei einem Remis 17 Niederlagen. Dabei waren sie spielerisch oft durchaus gleichwertig, abgesehen freilich von der 1:6 Klatsche in Uerdingen und der 0:7 Schmach in Hannover, und gerieten nicht selten erst gegen Ende des Spiels ins Trudeln.

Mittelfeldregisseur Rainer ‚Ratze' Liedtke erklärte schon während der Spielzeit mitten im Abstiegskampf dem Reporter Joachim Witt seine Sicht der Dinge: „Daß wir im Gegensatz zu den Vollprofis der meisten anderen Vereine alle noch einem Beruf nachgehen, ist für mich gar nicht der Hauptgrund. Schwerwiegender ist, daß im Gegensatz zu früheren Jahren die 2. Liga im Mittelfeld und unten immer leistungsdichter geworden ist. Auch Vereine, gegen die man früher fast mit einem Bein gewinnen konnte, können einen heute schlagen." Dass er mit dieser Einschätzung richtiglag, dafür sprachen Niederlagen wie die bei Union Solingen (2:5) oder das absolut unerwartete 0:4 gegen den DSC Wanne-Eickel, die jedoch in der Saison stattliche 66 Tore erzielten und im DFB Pokal beim VfL Bochum, nachdem sie in der 105. Spielminute noch mit 2:1 geführt hatten, letztlich dann doch auf den allerletzten Drücker ausschieden. Bedenkt man aber, dass es zu dem damaligen Zeitpunkt noch zwei 2. Bundesligen (Nord und Süd) gab, mag man sich das vermutliche Desaster in der späteren eingleisigen, und folglich in der Summe entschieden spielstärkeren, Zweiten Bundesliga für Wacker gar nicht ausmalen.

Dennoch, die TV-Bilder vom ersten Heimspiel gegen den VfL Osnabrück decken die Vor und Nachteile dieser Wackertruppe von 1978 sehr gut auf. Zunächst das Positive: Die bei schönstem Sonnenschein im Märkischen Viertel aufspielenden Lila-Weißen bestachen durch einen auch in taktischer Hinsicht anspruchsvollen Fußball. Trainer Klaus Basikow hatte zwei Jahre zuvor seine Trainerlizenz erhalten, war also taktisch gewissermaßen auf dem neuesten Stand. Weil das Gartenbauamt Reinickendorf den Wackerplatz noch nicht für Spiele frei gegeben hatte, bestritt Wacker seine ersten Heimspiele an der Finsterwalder Straße im Märkischen Viertel, das auch zum Bezirk Reinickendorf gehört. Mit sicherem Passspiel wurde mit den Osnabrückern sogar ein wenig Katz und Maus gespielt. Bien gab den Libero, und vor ihm agierte Joachim Thiel, der auf Grund seiner Frisur und seines Bartes Paul Breitner zum Verwechseln ähnlichsah. Racine und Liedtke zogen das Spiel gekonnt auf, und über links zog der schussgewaltige Leumann seine Bahnen, während ‚Ebbe‘ Plehn über rechts ein ums andere Mal seine Flankenläufe startete. Die 1:0 Führung war dann auch das Ergebnis eines Flankenlaufs mit anschließender Flanke. Plehn‘s Eingabe erreichte zwar Lindner, dessen Kopfball aber von einem Osnabrücker, bei denen Lothar Gans und der spätere HSV-Coach Gerd Volker Schock spielten, ins eigene Tor bugsiert wurde. Osnabrücks Ausgleich sorgte nur kurzzeitig für Verunsicherung bei den Wackeranern. Bei einem Angriff über die linke Flanke hatte sich Liedtke in den Strafraum geschlichen, um das Leder mit einem sehenswerten Flugkopfball in die Maschen zu befördern. Der Jubel der gut 2.000 Zuschauer war schier grenzenlos. Danach schaltete Wacker aber keineswegs einen Gang runter. Racine, Plehn (80.) und Leumann (88.) vergaben sogar noch sogenannte hundertprozentige Chancen, so dass das knappe 2:1 für die weiß gekleideten Männer von der Bremer Brücke sogar noch schmeichelhaft war. Vergleiche sind bekanntlich nicht nur im Fußball problematisch. Sie hinken einfach zu oft. Dennoch scheint es mir der Erwähnung wert zu sein, dass die gerade noch von Wacker souverän bezwungenen Osnabrücker keine vier Wochen später im DFB-Pokal auswärts mit 5:4 beim FC Bayern München siegreich waren!

Das Negative fasst sich in nur *ein* Wort zusammen: Abschluss-schwäche.

Beim nächsten Heimspiel im Stadion Finsterwalder Straße wieder-holten sich die Dinge zunächst. Wacker geriet gegen den FC St. Pauli durch Beverungen in Rückstand, ehe Wacker Torwart Schultz glänzend rettete. Dann aber schlug die Stunde der in blau-weiß angetretenen 04er. Nach einem Traumpass à la Michael Laudrup durch Liedtke tauchte Racine gefährlich vor St. Paulis Torhüter auf, vertändelte jedoch die sich bietende Großchance. SFB-Reporter Stanley Schmidt, selbst ehedem ein guter Angreifer in der Regionalliga Berlin, kommentierte diese Situation mit den Worten, dass Racine „etwas phlegmatisch" wirke. Was sich mit meiner Einschätzung, dass dieser Serge Racine ei-gentlich wenigstens jedes dritte Match allein hätte entscheiden können, deckt. Sei's drum, die anschließend von ihm getretene Ecke fand den direkten Weg ins Tor der Hamburger! Nach einem weiteren Traumpass in den Strafraum von Liedtke konnte Prill dann sogar noch auf 2:1 erhö-hen! Sollte Wacker nach zwei Auswärtssiegen am Millerntor nun end-lich den Traditionsverein auch daheim bezwingen können? Die Ant-wort fällt leider negativ aus. Denn während Wacker gegen Osnabrück zum Ende der Partie noch zulegen konnte, schwanden zusehends die Kräfte der müde wirkenden Wackeraner. Zugegeben, es fehlten Lind-ner, Fetkenheuer und Müller, aber das hatte ja mit der Kondition der anderen nicht viel zu tun? Leider doch, denn vier Tage zuvor war man mit 1:3 beim Abendspiel bei Ex Bundesligist Wuppertaler SV gefordert gewesen. Klaus Basikow gab auch zu, dass sein Team der Halbprofis noch völlig „ausgebrannt" von diesem kräftezehrenden Spiel sei.

Einen Negativrekord gibt es auch noch zu vermelden. Das ‚Heim-spiel' im winterlichen Olympiastadion am 20. Januar 1979 – der Platz am Wackerweg war witterungsbedingt unbespielbar – gegen den Wuppertaler SV, der übrigens mit 1:0 besiegt wurde, sahen 188 Zah-lende. In Worten: Einhundertachtundachtzig! Bei einem Zweitligaspiel in einem damals 76.009 Menschen fassenden Stadion…

1979/80: Kehraus bei Wacker 04

Wacker war in die folgende Oberliga Berlin-Saison nicht mit einer Rumpftruppe ins Rennen gegangen. Zwar waren die Akteure alle etwas in die Jahre gekommen, faktisch aber waren die Leistungsträger aus den besseren Zweitligatagen noch immer an Bord und zu allem bereit: Liedtke, Racine, Müller, Fetkenheuer, Lindner, Mielke, Bien und Krüger. Dazu hatten sie mit Rüppel einen Goalgetter, der stattliche 14 Tore erzielte. Es kam schließlich zu einem Dreikampf um den Berliner Meistertitel zwischen dem BFC Preussen, der Lichterfelder SU und eben Wacker 04.

Alles sah also halbwegs passabel aus, bis auf einmal gegen Ende der Saison die Nachricht reinplatzte, dass nun wirklich kein Geld mehr für das kickende Personal vorhanden sei. Daraufhin orientierten sich die Führungsspieler Liedtke und Fetkenheuer um. Allerdings, so sieht wahrer Sportsgeist aus, die Saison unentgeltlich dennoch zu einem möglichst guten Ende zu bringen. Die beiden Wacker-Ikonen wurden daraufhin vom BFC Preussen kontaktiert, und das Ende vom Lied war, dass deren Präsident Spychalski für beide je 20.000 DM an Ablöse auf den Tisch blätterte. Noch aber standen ja Meisterschaft und das Berliner Pokalendspiel – und zwar ausgerechnet gegen die Preussen – aus. Das ja dem Sieger auch noch einen Platz im DFB-Pokal einbrachte.

Rainer Liedtke gerät noch heute schier in Rage, wenn er sich an die Zeit von vor gut vierzig Jahren erinnert: „Der BFC Preussen-Vorsitzende kam kurz vor Ende der Saison in die Wacker 04 Geschäftsstelle, um schon mal die Spielerpässe der beiden Neuzugänge in Empfang zu nehmen. Doch da saß inzwischen der Wacker-Sponsor Rolf Sachse, der später die Fusion mit Alemannia 90 anleierte. Der Vorsitzende Spychalski, das war ja auch ein furchtbarer Typ. Als ich dann in der Saison darauf beim BFC Preussen spielte, kam der einmal in die Kabine und schmiss vor Wut die Tür derart hart zu, dass uns die Fensterscheibensplitter vor die Füße fielen… Jedenfalls sage er zu Sachse: ‚Wo ist denn Herr Herz, wir haben ein Abkommen.' Worauf Sachse antwortete, er sei jetzt der 1. Vorsitzende und er wisse davon nichts… Spychalski kam dann zu uns und meinte: ‚Feti, Rainer, hört mal, diese Banditen wollen die Transfers plötzlich torpedieren! Ihr wisst, was zu tun ist…' Und für uns war sofort klar, hier spielen wir keine Minute mehr! Auch die Presse, bis hin zu Bild Berlin, staunte über das neuerliche Chaos bei den Veilchen aus Reinickendorf."

Das Pokalfinale wurde schlussendlich mit 1:6 verloren, und in der Oberliga Berlin wurde Wacker nur Dritter mit drei Punkten Abstand zum neuen Berliner Meister Preussen. Diese spielten dann um den Aufstieg in die 2. Bundesliga, scheiterten aber, denkbar knapp, an Göttingen 05 (0:1, 1:1).

Wacker trat dann in der Saison 1980/81 bis auf Lindner, Racine und das Wacker-Urgestein Michael Müller mit einer Mannschaft der Nobodys an und stieg, nicht weiter verwunderlich bei den Voraussetzungen, sang und klanglos in die Landesliga ab! Über die Jahre von 1981 bis 1986 kann man getrost den berühmten Mantel des Schweigens legen. Erst im Sommer 1986 regte sich wieder etwas bei Wacker 04. Und dabei war auch wieder Rainer ‚Ratze' Liedtke!

Als Jugendspieler im lilafarbenen Dress (1980 – 1982)

Es war so etwas wie ein geflügeltes Wort, das in den Straßen rund um den Eichborndamm die Runde machte: „Geh doch zu Wacker!" Auch ich konnte gar nicht anders, als mit meinen Eltern im zarten Alter von 9 Jahren zu „Sport-Glase" in die Auguste-Viktoria-Allee zu gehen, um mich dort schick und sportlich einkleiden zu lassen. Es gab einen lila-weißen Trainingsanzug von der Marke mit den drei Streifen und der Aufschrift „Wacker 04 Berlin", eine lederne Sporttasche mit Wacker-Aufdruck, lila Stutzen und eine lilafarbene Turnhose. Damals kursierte ein reichlich läppischer Schmähgesang: „Wacker, die Kacker, die rennen über'n Acker und schreien Papier, Papier… Hemden zerrissen und Hosen verschissen, was kann denn der … dafür…" Für die Wacker-Jugend, also auch für mich, war dieser gereimte Hohn allerdings ein Ansporn mehr.

Lediglich die Trikots wurden leihweise vom Verein gestellt, und jeweils eine Spielermutti hatte diese dann nach dem Spiel daheim zu waschen. An den Wochenenden, in der Regel also samstags um die Mittagszeit, trafen wir uns auf dem Parkplatz U-Bahnhof Scharn-weber Straße, von wo aus es dann zu den Auswärtsspielen ging. Die Heimspiele trugen wir auf den Plätzen an der Scharn-weber Straße aus. Trainiert haben wir im Winter in einer Turnhalle, die direkt durch die Gartensiedlung am Wackerweg zu erreichen war. Es war eine Turnhalle im Fox Weg, in der die Tore an die Betonwände gemalt waren, und wo einem beim Aufwärmen die hart geschossenen Bälle nur so um die Ohren und öfters auch direkt ins Gesicht flogen.

Mein erstes Spiel war in der 2. D-Jugend beim SC Westend 01. Wir verloren mit 1:5. Gegen Ende des Spiels musste unser Torhüter verletzt raus, und ausgerechnet ich musste fortan das Gehäuse hüten. Dann gab es auch noch einen Strafstoß für den Gegner. Ich hatte mich aus Angst, getroffen zu werden, absichtlich für die falsche Ecke entschieden... Mein erstes Tor war denn auch ein Eigentor und sah mir zu dem Zeitpunkt irgendwie ähnlich. – Doch dann hatte die Peinlichkeit zum Glück ein Ende. Markus, der Angsthase, konnte immerhin schnell rennen und verfügte zudem über einen ordentlichen Bums. So gelangen mir, also dem, wie es aussah, geborenen Stürmer, in fünf Spielen vier Tore, darunter auswärts das 2:1 Siegtor bei Union 06. Einen Tag nach meinem Eintritt in den Verein, exakt am 28.6.1981, gewann ich zusammen mit der D-Jugend des SC Wacker den 3. Platz beim von einem Restaurant gegenüber dem Rathaus Reinickendorf gesponserten Split-Grill-Turnier. Unterzeichnet ist die Urkunde (warum hängt die eigentlich nicht an meiner Wand?) von Bernd Schultz, dem heutigen Vorsitzenden des Berliner Fußball-Verbandes.

Im Sommer 1981 gab es dann die erste richtige Busreise für uns Wacker 04 Jungs ins Bundesgebiet. Es ging ins Ruhrgebiet nach Wanne-Eickel. Offenbar existierte eine Freundschaft aus der Zeit, als die Vereine noch in der 2. Bundesliga aufeinandergetroffen waren. Auf der Hinfahrt hockte ich mit meiner Wacker 04-Ledertasche wie ein armes Hascherl auf meinem Sitz. Bei fremden Menschen übernachten? So weit weg von zu Hause? Mir wurde ganz anders. Zumal ein Betreuer auf der Anreise gehörig dem Alkohol zusprach und immer lauter und besoffener durch das fahrende Jugendzimmer tobte. Meine Angst vor Betrunkenen war als Kind sehr groß, da spielte es dann auch keine Rolle mehr, dass der Mann einer von uns war. Im Bus war auch Christian Wunsch, der als einziger, abgesehen natürlich von mir, nicht den Bayern, sondern dem HSV die Daumen drückte, und der es später bis in die Oberliga schaffen sollte. In Wanne-Eickel war übrigens ein gewisser Uli Borowka gerade auf dem Weg zum Profi. – Kaum angekommen, wurde ich derart herzlich von einer Familie Römer empfangen, dass ich vor lauter Begeisterung fast meinen Koffer zurückgelassen hätte. Jens, der Sohn meiner Gastgeber, und ich wurden von jetzt auf gleich Freunde, will heißen, wir waren fortan unzertrennlich. Fußball spielen, Brause trinken, Panini Bilder tauschen, das war es doch! Wir besuchten in Bochum gemeinsam das Bergbaumuseum und auf der Rückfahrt war ich „stolz wie Bolle" und auch ein bisschen wehmütig.

Im Sommer 1982 gab es dann in der Tegeler Gorkistraße eine Art Sichtungstraining des Vereins. Ein strenger Polizeibeamter leitete das Training. Seine Aufgabe war es, die 1. und 2. Mannschaft neu zu besetzen. Er kam auf mich zu. „Du Markus, das hat mir heute gefallen, wie du gespielt hast. Du könntest bei mir in der 1. Mannschaft spielen, wenn du regelmäßig trainierst und auch wirklich willst." Diese Ansage fetzte! Aber offensichtlich nicht allzu lange. Irgendwie war damals mein Zutrauen zu mir selbst nicht sonderlich ausgeprägt, was sich auch daran bemerkbar machte, dass ich bald schon beim Training ab und an durch Abwesenheit glänzte. Das hatte meine sofortige Degradierung zur Folge.

Eines Tages rief ein Herr Hartwig bei uns zu Hause an, der mich fragte, ob ich Donnerstag zum Training der 2. Mannschaft kommen wolle. Ich willigte ein. Doch es war nicht mehr so schön wie zuvor. Etliche Spieler traten bereits aus, und Coach Hartwig sagte, wenn uns die Eltern den heißen Pausentee einschenkten, immer nur den einen Satz: „Nu' reißt euch mal am Riemen." Das war in Punkto Taktik nicht wirklich erhellend, so dass ich am 6. November 1982 das erste Mal aus dem Verein austrat.

An jenem Samstag hatte Hertha BSC ein Heimspiel gegen den großen FC Bayern mit u.a. Paul Breitner und Karlheinz Rummenigge. Am Donnerstag zuvor hatte das Telefon geläutet. Wieder war Herr Hartwig dran. „Du Markus, Samstag spielen wir in der Scharnweber Straße. Kommst du?" Und ich, aus Angst vor Autoritäten, sagte sofort zu. Da stand ich nun in langer schwarzer Unterhose unter meiner lilafarbenen Büchs auf dem gefrorenen Platz, während oben auf dem Bahnsteig die Hertha-Frösche Konfetti aus dem Zug warfen, tröteten und sangen. In diesem Moment wusste ich, dass dieses Spiel mein letztes Spiel sein würde. 1983 kam ich auf eine Gesamtschule, mit Schulbetrieb bis 16 Uhr. Danach noch zum Training? Bei meinem „Talent"? Das war einfach nichts mehr für mich.

Wackers Anziehungskraft auf junge Burschen war dennoch insgesamt groß. Viele im Erwachsenenalter namhafte Spieler gingen aus dem Nachwuchs dieses Vereins hervor. Man denke nur an den Verteidiger Norbert Siegmann, der für den VfB Stuttgart, Tennis

Borussia und Werder Bremen 209 Bundesligaspiele bestritt, und der bereits 1969 Berliner B-Jugendmeister und 1965 D-Jugend Meister mit den Veilchen war. Oder Torwart Richard Golz, der insgesamt acht Jahre bei Wacker 04 ausgebildet wurde, und zwar gerade zu dem Zeitpunkt, als ich als Knirps für Wacker aufgelaufen bin. Ganze 398 Bundesligaspiele hütete der lange Reinickendorfer für den Hamburger SV und den SC Freiburg den Kasten.

Merkwürdigerweise besitze ich kein Autogramm eines Wacker 04 Kickers, doch traf ich 1982 mit 11 Jahren einen Mann, der mal am Wackerweg aktiv war. Hertha BSC war zu dem Zeitpunkt wieder in die Bundesliga aufgestiegen, während Wacker inzwischen viertklassig war. Sie gaben ein sogenanntes öffentliches Training. Ich wartete im Stadion an der Finsterwalder Straße auf die Spieler, um mir ihre Unterschriften auf meinem Hertha T-Shirt zu sichern. Auch Johannes ‚Hanne' Sobeck, Berlins wichtigster Fußballer überhaupt, war anwesend. Und sein Sohn hatte bei Wacker gespielt. Jedenfalls war es kein Hertha-Spieler, der mir mein erstes Autogramm gab, sondern ein ältlich aussehender Mann mit silbernem Haar, der mit einer schweren Ledertasche zum Platz ging. „Herr Gawliczek, können Sie mir bitte ein Autogramm geben?" Gawliczek blies die Backen auf, stellte seine schwere Tasche ab und erfüllte mir meinen Wunsch.

„Neipe" BACHE
in seiner Glanzzeit

Uriger Zeitgenosse: Fritz „Neipe"
Bache war Wackers erster und
einziger A-Nationalspieler.

Vorstand von Wacker 04 im Jahr 1943: Kassierer Müller, Geschäftsführer
Ahrendt, Zeugwart Dippelt, Platzobmann Otto Nadolny und Vereinsführer Walter Nadolny (von links nach rechts).

Großer Jubel: Soeben ist das 3:0 gegen Nürnberg gefallen. Müller,
Torschütze Liedtke, Krüger, Lindner und Altendorff sind hocherfreut.

Mit diesem Team unter Klaus Basikow wurde Wacker am Ende
der Saison 1971/72 erstmals Berliner Meister.

Ungleiches Duell im DFB Pokal: Der Berliner Regionalligist Wacker trifft
auf Bundesligist Bremen (1:5). Links Rekordspieler der Bundesliga Willi
Neuberger.

Der zweite Sieg gegen Borussia Dortmund (2:1), Sommer 1975. Siegtorschütze Rainer Liedtke kann vom jungen Mirko Votava nicht am
Flanken gehindert werden.

MICKYS FUSSBALLALBUM NR. 142

Wacker und Micky-Mouse – sogar die Comic-Kultzeitschrift entdeckte
den Verein. Auf dem Foto befindet sich die Mannschaft des ersten
Auswärtsspiels in der 2. Liga gegen Münster: Bien, Hemfler, Liedtke,
Lunenburg, Hanisch, Leumann, Hansen, Sobeck, Lindner, Pabst, Müller
(von links nach rechts).

2. Liga 1976/77

Wacker 04 Berlin

Hintere Reihe von links: Zwei Betreuer, Mielke, Leumann, Bien, Lindner, Hansen, Fischer, Krüger, Hemfler, Racine, Trosky, Trainer Basikow; mittlere Reihe von links: Fetkenheuer, Liedtke, Plehn, Thiel, Müller, Woythe, Hägeler; vorn von links: Roßbach, Boutry, Todten, Schultz, Kosmowski, Ivangean.

Bild: Schirner-Berlin

Klaus Basikow ist als Trainer zurück aus Meppen. Leider stieg Wacker mit dieser tollen Truppe dennoch ab.

Wacker 04 in der Saison 1987/88: Neidhart, Sperlich, Peter, Greiser, Christian Müller, Fraßmann (von links nach rechts). Unten: Görsdorf, Schwarz, Hofmann, Hohner, Oster, Schröder, Müller.

Großer Jubel bei Boss Fritz Herz (links) und Trainer Klaus Basikow nach dem Abpfiff 1978 im Olympiastadion. Überraschend hat Wacker mit 2:1 gegen Tennis Borussia gesiegt.

Einmal im Kicker-Sonderheft, 1978

WACKER 04 BERLIN- STOLZ DES NORDENS
UNSERE LILA-WEISSEN 1990/'91

WACKER 04 – Hintere Reihe von l... Gympel, St. Milenz, M. Vogel, Czerwonka, Giese, Lähn, Rogge, D. Milenz, Mittlere Reihe: Trainer Basikow, Polenski, Reißner, Kalff, Schewe, Spren... Cardela, Schwarz, Betreuer Eger, Masseur Rehfeld. Vorn: Zschech, Schünemann, Stephan, Bohne, Th. Vogel, Hildebrandt, Schäfer. Foto: Wende

Es waren zwei Brüderpaare ...

„In der Masse können alle, aber wir auch zu
Dritt!" Postkartencollage von 1991.

Frank Misch hielt als Kapitän viele Jahre die Wacker-Mannschaft zusammen sowie die Kameradschaft auf Hochbetrieb.

Der wortgewaltige Klaus Basikow coachte Wacker 04 mit Abständen über 20 Jahre, in sechs verschiedenen Ligen.

Ingo Reißner mit vollem Einsatz vor leeren Traversen des Wacker-Platzes. Szene aus der Verbandsliga-Saison 1992/93.

Verbandsliga 1992. Das Team stellt sich auf dem Platz an der Scharn-
weberstraße dem Fotografen Max Schaldach. Ganz rechts der Autor
in (damals) „modischer" Satinjacke.

Wacker 04 verabschiedete sich im Mai 1992 mit einem 2:2
gegen FSV PCK Schwedt aus der 3. Liga.

Spiel in der 2. Liga: Was rechts hinten wie ein großer Aussichtsturm
der Grenzpolizei aussieht, war die anberaumte Pressetribüne für die
schreibende Zunft. Die TV-Kameras waren gegenüber aufgebaut.

Selbst erstellte Collage bekannter Wacker 04 Trainer: Heinz Lucas, Pal
Csernai, Klaus Basikow, Georg Gawliczek und Zeljko Cajkovski (unten
als Kind mit der Hand an Vaters Schulter neben seinem Bruder Zlatko).

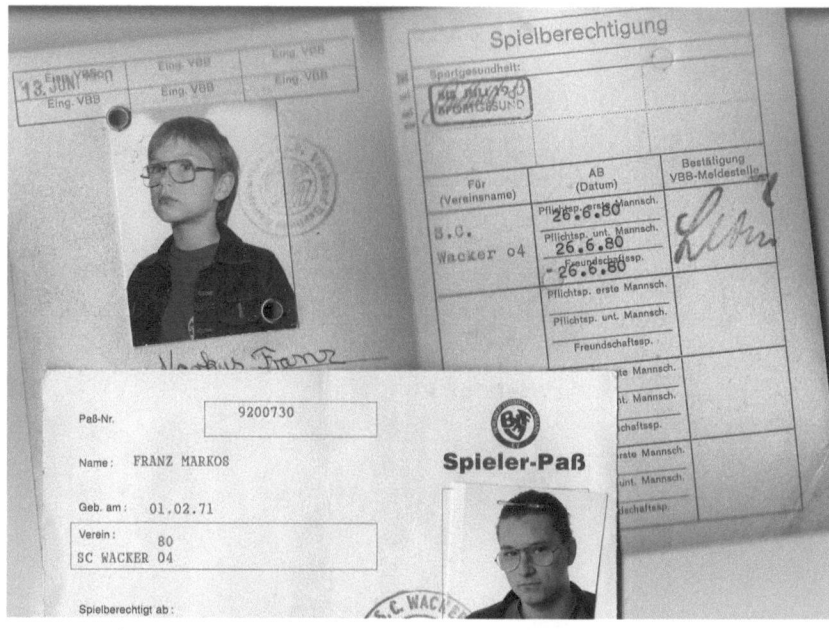

Der Autor als aktiver Fußballer mit 9 Jahren, unten als 21-jährige
„Karteileiche" – falls die 2. Mannschaft mal Reserve braucht.

Niedergang, Auferstehung und das Ende: Wacker in den 1980er Jahren bis zur Auflösung und Fusion

Niedergang und Auferstehung: 1981 in der Landesliga, 1987 bereits wieder ein Berliner Spitzenclub – Die Jahre 1986–1991

Mit elf Jahren war ich bei Wacker 04 ausgetreten. Erst fünf Jahre später zog es mich wieder zum Wackerweg. Als Zuschauer versteht sich. Als leicht reizbarer pickeliger Teenager verließ ich oftmals bereits zur Halbzeit das Stadion bzw. musste es verlassen, weil die Nerven blank lagen. Aber das nur nebenbei.

1987 war Wacker 04 endlich wieder aus der Landesliga aufgestiegen, nachdem ein Jahr zuvor eine Neuausrichtung des Vereins stattgefunden hatte. Das Team, finanziell unterstützt durch den Baulöwen Klaus Bittroff, erlebte eine Art Wiedergeburt und machte sich daran, die Oberliga Berlin aufzumischen. Unter dem Trainer Liedtke, zu dem sich später der Masseur Tetzlaff gesellte, spielten Oster, Heck, Schwarz, Hofmann, Scholz, Liebich, Reinicke, Bieder, Görsdorf, Schilling, Moeck, Busch, Kramer, Meißel, Kudoke und Sperlich.

Präsident war der heutige Präsident des Berliner Fußballverbands Bernd Schultz, Trainer in der Hinrunde, wie gesagt, Rainer Liedtke. Aber der Hauptsponsor war mittlerweile nicht mehr Bittroff, sondern der Bauunternehmer Ratko Hodak. Den Aufstieg 1987 schaffte das Team aber nicht unter Liedtke, sondern der mit allen taktischen Wassern gewaschene Co-Trainer und ewige W04-Masseur Tetzlaff! Als Liedtke das Handtuch warf, war der Aufstieg allerdings bereits halbwegs in trockenen Tüchern. Die 24:0 Punkte sprachen eine mehr als deutliche Sprache. Er suchte übrigens deswegen das Weite, weil ein inzwischen verstorbener Vereinskamerad die ganze Mannschaft mit Erfolg dazu animiert hatte, sich regelmäßig beim Casinowirt Kurt ‚Katze' Burnitzki einzufinden, wo man sich der Bierseligkeit hingab… „Wollen Sie meinem Mann etwa sein Bier verbieten?", hatte eine Spielerfrau Liedtke angefahren. „Nee, es geht nicht um *ein* Bier, sondern um das, was hier ständig abläuft. Profitieren sie nicht auch von den Siegprämien ihres Mannes?", entgegnete der verärgerte, ehrgeizige Coach.

Schultz zitierte Liedtke daraufhin in sein Büro. „Mensch Rainer, der Klaus (Basikow, der Verfasser) war doch immer so autoritär hier. Wir dachten, dass du mehr als Psychologe auftrittst…" „Als Psychologe?", entgegnete Liedtke, „was Sie hier brauchen, ist kein Psychologe, sondern ein Psychiater. Aber einer aus der Trinkerheilanstalt!"

Saison 1987/88

Ich war beim nächsten Heimspiel nach dem Sieg gegen Hertha abermals am staubigen Wackerweg, wo der VfB Neukölln am 30.8.1987 gastierte. Wackers Pressesprecher Detlef Schwarz schrieb im Vorwort des Wacker-Echo zurecht: „Nachdem unsere Mannschaft am vergangenen Mittwoch vor fast 4000 zahlenden Zuschauern Hertha BSC mit einer bravourösen Leistung 2:1 besiegt hat, steht Wacker 04 nunmehr mit 8:0 Punkten und 13:3 Toren als einzige Mannschaft an der Tabellenspitze der Amateur Oberliga. Einen derartigen Tabellenplatz konnte man in den kühnsten Träumen nicht erwarten." Und auch gegen Neukölln wurde mit 4:2 gesiegt.

Der Wacker 04-Kader bestand 1987/88 aus folgenden Akteuren: Markus Oster, Branislav Micic, Dirk Greiser, Dirk Hofmann, Frank Moeck, Karl-Heinz Peter, Andreas Schwarz, Bernd Sperlich, Stephan Stephani, Immanuel Bieder, Bernhard Görsdorf, Michael Fiedler, Serdar Ekinci, Frank Liebich, Jan Müller, Harry Schilling, Michael Hohner, Christian Neidhart (nur in der Rückrunde), Frank Kramer, Andreas Kudoke und Christian Müller. Gehörten vor der Saison noch 24 Spieler zum Kader, dann reduzierte Trainer Bernd Erdmann die Mannschaftsstärke sehr bald schon auf ein vernünftiges Maß.

Nun kommt bestimmt die Frage auf, warum diese Wacker Truppe zum Ende der Spielzeit zwar immerhin Tabellenvierter, aber trotzdem nicht Berliner Meister wurde? Ganz einfach. Das lag an der fehlenden Konstanz. Beispiel gefällig? Am 21. Spieltag gastierte Wacker 04 beim BFC Preussen, einem Angstgegner, wenn es so etwas gibt. „Hohner riß Wacker mit", lautete die Schlagzeile zu besagter Partie, als die Wackeraner die Preussen auf eigenem Geläuf mit 5:2 abfertigten. Vor nur 77 Besuchern trafen Hohner und Greiser (je zweimal) bei einem Treffer von Neidhart. Und die Fußball-Woche fügte angesichts des kopfballstarken Wacker-Liberos Dirk Greiser noch hinzu: „Acht Treffer hat der Libero bislang erzielt – Platz 1 in der Torschützenliste der Reinickendorfer. Für die erst seit kurzem spielberechtigten Hohner und Neidhart Ansporn und Herausforderung zugleich."

Eine Woche später besiegte Wacker den BFC Türkiyemspor vor immerhin 1.566 Zuschauern mit 2:0. Aber jetzt kommt's. Auswärts gegen BFC Preussen mit 5:2 gewonnen. Alles klar? Denkste. Das Heimspiel gegen den selben Gegner ging mit 2:5 aber sowas von in die Hose. Erinnerungen an die denkwürdigen Duelle 1974 mit dem 1.FC Nürnberg (5:0, 1:9) wurden hier wohl bei so manchem wach. Jedenfalls gab es neben 18 Siegen nur vier Remis, aber happige acht Niederlagen, davon allein vier vor heimischer Kulisse. Gegen Rapide Wedding – auswärts siegte Wacker dort noch souverän – musste zum Beispiel ganz gewiss nicht verloren werden. Dennoch und in der Summe: Wacker war Aufsteiger. Außerdem sollte man nicht vergessen, dass in der „U-Bahn-Liga" (Spitzname der Oberliga Berlin) ausnahmslos Lokalderbys auf dem Spielplan standen, die oft eigenen Gesetzen unterliegen. Last but not least, Trainer Erdmann hatte schon vor der Saison angedeutet, dass er eine Kombination aus Mann- und Raumdeckung praktizieren lassen wollte. „Da haben einige Spieler noch Probleme", konstatierte er noch kurz vor Saisonbeginn.

Manchmal freilich fehlte auch das gewisse Quäntchen Glück. So trat Wacker beim Rückspiel gegen Hertha BSC an der Osloer Straße unter der Leitung des bekannten Berliner Schiedsrichters Peter Gabor durchaus selbstbewusst auf. Hertha hatte in der Woche davor in Rudow verloren (!) und stand entsprechend unter Druck, so dass ein böser Patzer von Herthas Mischke unserem Stürmer Michael Hohner die Führung ermöglichte. Aber noch vor der Pause drehte Hertha binnen vier Minuten das Match und lief trotzdem noch Gefahr, als Verlierer den Platz zu verlassen. „Bedanken (für den knappen Sieg, der Verfasser) muß sich Hertha dafür in erster Linie bei Walter Junghans, der eine mächtige Hohner-Schrumme (sic!) über den Balken drückte (71.), gedankenschnell gegen den einschussbereiten Vukasin rettete (87.) und insbesondere bei hohen Bällen frappierend sicher wirkte", schrieb Reporter Lutz Grotehusmann. Hertha Coach Jürgen Sundermann hatte anscheinend die Hinspiel-Niederlage noch immer nicht völlig verdaut: „Bei diesen Bodenverhältnissen war das ein sehr gutes Spiel. Wacker hat mich beeindruckt, aber wir sind nach dem vermeidbaren Rückstand nichts schuldig geblieben. Heute haben wir zwei Niederlagen wettgemacht, die Hinspiel-Schlappe und das Spiel in Rudow."

Ausgerechnet Walter Junghans, der sich in seiner Karriere immer wieder auch durch Patzer einen Namen machen sollte, zeigte gegen Wacker 04 seine Klasse. Er wurde übrigens 1980 als Stammtorhüter Deutscher Meister mit dem FC Bayern München, die zuvor volle sechs Jahre auf diesen Titel hatten warten müssen. Meistertrainer war Pal Csernai, der 1970 bei Wacker 04 entlassen worden war. Wackers rühriger Spielausschuss-Obmann Heinz ‚Pipo' Fenselau erinnerte sich am Rande der schönen Weihnachtsfeier im Jahr 1991: „Auch Pal Csernai trainierte schon mal bei Wacker. Ein ganz harter Hund: kein Bier, kein Schnaps, um 22 Uhr mussten alle schlafen."

Wacker beendete die Saison jedenfalls auf dem undankbaren aber letztlich verdienten 4. Platz. In der nächsten Spielzeit wurde aber erneut ein Anlauf in Richtung Meistertitel genommen. Immerhin würde die in die 2. Liga aufgestiegene Hertha kein Gegner mehr sein. Die Experten von der Fußball-Woche hatten Wacker vor der Saison 1987/88 so um und bei auf Platz neun gesehen. Immerhin hatten die Wackeraner diese Experten schon einmal Lügen gestraft. Außerdem war das Zuschaueraufkommen wirklich erfreulich. Im Schnitt waren bei den Heimspielen 642 Fans zugegen. Eine Zahl, die der Verein bis zu seinem Ende 1994 nicht mehr erreichen sollte. Doch es war in Berlin wie eh und je, nur Erfolg, bzw. die Aussicht auf Sensationen, lockte das Berliner Publikum hinter dem Ofen hervor. Zum Vergleich: Als Wacker 04 nur noch Mittelmaß in der Oberliga Berlin war (1989 – 1991), lag der Durchschnitt bei 189. Und 1990/91 waren es nur noch 170 Unentwegte.

Saison 1988/89

Der Kader zur neuen Spielzeit wurde gehörig durcheinandergewirbelt. Mit 51 Jahren kehrte Klaus Basikow als Sportlicher Leiter zu seiner alten Fußballliebe zurück. Er hatte zuvor den Traber FC gecoacht. Trainer allerdings blieb Bernd ‚Huzzi' Erdmann. Der Defensivverbund war mehr oder weniger der der Vorgängersaison. Das Tor hütete Oster, die Verteidiger waren nach wie vor Schwarz,

Hofmann, Fraßmann und Sperlich. Aber Libero Dirk Greiser wechselte zum Zweitligisten Hertha BSC. Klaus Basikow hatte stattdessen den neuen Libero Bernd Henklein vom Traber FC mit im Gepäck. Aber der Angriff bestand komplett aus neuen Spielern. Denn Christian Neidhart, der erst im Januar gekommen war, zog es zum VfL Osnabrück, während Michael Hohner zum Bundesligisten Borussia Mönchengladbach ging. Dort war er zwar im Wesentlichen nur auf den Mannschaftsfotos und so gut wie nie auf dem Spielfeld zu sehen, aber für Wacker war eben ein sehr guter Angreifer verloren. Hohner erinnert sich heute dunkel an eine Ablösesumme von etwa 25.000 DM. Bei Greiser und Neidhart dürfte sie nicht bedeutend geringer ausgefallen sein.

Dennoch, wenigstens durch zwei der neuen Angreifer dürfte das schöne Geld schon wieder aufgebraucht gewesen sein. Für die beiden Angreifer (kein Wackeraner befand sich im Übrigen in der abgelaufenen Saison unter den zehn besten Torschützen der Liga) stießen Josef Buckmaier (18 Jahre alt, von Eintracht Braunschweig), Frank Kalinowski (19, Lichterfelder SU), vor allem aber als Goalgetter Mario Brandt (25, vom SBC) zum SC Wacker. Weitere womöglich schwerwiegende Abgänge wie von Fiedler, Peter, Bieder, Liebich oder Kramer konnten vermieden werden. Schließlich muss als Erfolgsmeldung notiert werden, dass Wacker mit Lars Knobel und Dieter Lutosch zwei wichtige Kicker engagiert hatte. In der Summe hatte trotzdem ein einschneidender Umbruch stattgefunden.

Natürlich gab es auch schon 1988 umtriebige Spieler-Vermittler – ich selbst bin zwischen 2000 und 2009 als Scout tätig gewesen. In der Fußball-Woche hatte sich der Chefreporter Lutz Rosenzweig (übrigens der Bruder Rudi Rosenzweigs, siehe das folgende Kapitel) nach dem Spiel gegen den TSV Rudow (3:0) wie folgt geäußert: „Savic sprang ab!

Der aus Braunschweig gekommene Stürmer Ivan Sasic, ein Jugoslawe, sprang nach erstem Training und der Teilnahme am Foto-Termin der Reinickendorfer nun doch ab. Wie Vorstands-Sprecher Detlef Schwarz erklärte: ‚Es scheiterte an finanziellen Forderungen!‘ Anscheinend war auch noch ein Braunschweiger Gastwirt ‚zwischengeschaltet, der als Art Vermittler fungierte und seinen Anteil abhaben wollte.‘"

Was also heutzutage gang und gäbe ist, dass nämlich Vermittler (die sich als sogenannte ‚Berater' tarnen) allerorts Millionen aus dem Fußballzirkus für sich abzweigen, war also bereits damals sogar im kleinen Amateurbereich das Normale. Und noch etwas sei an dieser Stelle vermerkt: Die Randale von Neonazis war schon damals hochaktuell. So ließ ein gewisser Jürgen Huber in der Fußball-Woche seinem Ärger freien Lauf, indem er sich wie folgt vernehmen ließ: Beim Spiel Türkiyemspor gegen Union habe er beobachtet, wie „Türkische Familienväter (…) ihren verängstigten Nachwuchs in Sicherheit zu bringen versuchten und dabei mit Verbalinjurien übelster Sorte überschüttet worden waren. FCB Hools feuerten Leuchtkugeln in den Türkenblock, Union-Fans skandierten den Namen einer neuerdings ausländerfreien sächsischen Kleinstadt… Es stünde", so sein Fazit, „den Fu-Wo Reportern besser zu Gesicht, Gewalt, Rassismus und Rechtsradikalismus zu verurteilen, anstatt sich ausschließlich über Unsportlichkeiten und organisatorische Unzulänglichkeiten zu erregen." Auch „Sieg Heil"-Rufe und unentwegtes „Juden"-Gebrülle empörten Huber, bzw., dass diese Vorkommnisse in der Fußball-Woche unerwähnt geblieben waren. Die Fußball-Woche antwortete kurz und knapp. „Die FuWo muß leider erwägen, derartige Auswüchse einfach zu ignorieren, denn schlechte Beispiele finden dumme Nachahmer. Kriminelle Vorgänge gehören eigentlich in die Polizeiberichte der Lokalseite von Tageszeitungen. Die Red." Chefredakteur Rudi Rosenzweig übrigens hatte auf Grund von Randale-Vorfällen bei Spielen mit türkischer Beteiligung angeregt, dass man die Gründung rein ausländischer Verein nicht hätte zulassen dürfen!

Interessant war auch der Saisonauftakt am Wackerweg mit dem bereits erwähnten 3 : 0 über den TSV Rudow. Lutz Rosenzweig war sich sicher: „Hier wurde schon bald nach Beginn klar: Einer wird oben mitmischen (Wacker), einer wird Sorgen bekommen (Rudow)! Das Hauptaugenmerk lag natürlich auf dem neu gebildeten Angriff, wo Christian Müller und Mario Brandt Hohner und Neidhardt frühzeitig vergessen ließen." Brandt traf im Übrigen in seinem ersten Spiel für Wacker – einer Hitzeschlacht – gleich doppelt, so dass er sich über das Lob seines Trainers freuen durfte. Folgende Spieler waren aufgelaufen: Oster, Henklein, Hofmann, Schwarz, Fraßmann, Lutosch, Görsdorf, Knobel, J. Müller (43. Pruschke), Christian Müller (75. Buckmaier), M. Brandt.

Nach einem Auswärtssieg beim Spandauer SV folgte ein Heimspiel gegen Hertha 03 Zehlendorf, das sogar vom SFB-Radio in Ausschnitten übertragen wurde. Höre ich mir diesen Bericht heute von einer BASF Chromdioxid Cassette (!) an, stellt sich sofort ein herrliches Gefühl ein. Ich konnte ja in unserem Einfamilienhaus die Stadionansagen von Fritz Herz hören und auch, bei günstigen Windverhältnissen, den Jubel, wenn meine Wackeraner trafen. Mir kommt es beim Anhören der Cassette immer wieder so vor, als ob der Bier- und Bratwurstduft direkt aus dem Gerät dampfen würde. Die Partie vor 530 Besuchern war allerdings eine recht einseitige Angelegenheit, denn die Zehlendorfer machten das Spiel!

Dass es in der Fußball-Woche dennoch hieß, dass „Wacker (…) die einzige Oberligaelf ohne Gegentor!" sei, lag nicht zuletzt an Keeper Markus Oster, der u.a. in der 64. Spielminute einen Foulelfmeter entschärfte. Zwischen der 56. und 59. Minute versiebten die Gäste außerdem drei Freistoßchancen, und das Eckenverhältnis lag beim Schlusspfiff bei 2:13.

Zehlendorfs Coach Stefan Sprey hatte nicht ganz unrecht, wenn er nach dem Schlusspfiff wie folgt resümierte: „Dem Spielverlauf nach hätten wir klar gewinnen müssen. Aber so geht es nun einmal, wenn man seine Chancen nicht nützt." Wacker-Manager Basikow seinerseits sekundierte Sprey folgendermaßen: „Wenn unser Gegner einen Elfmeter verschießt und andere hochkarätige Chancen nicht nutzt, dann verliert man eben auch ein überlegen geführtes Spiel."

1.641 Besucher strömten an einem Mittwochabend zum Reinickendorfer Derby zwischen Wacker 04 und den Reinickendorfer Füchsen. In der 53. Minute stand es noch 2:1 für die Lila-Weißen (Lutosch hatte in einem sehenswerten Sololauf fünf Mann stehen lassen und dann vollendet), doch dann brach die Heimmannschaft aber sowas von ein... Am Ende stand ein bitteres 2:5. Bereits zu diesem frühen Zeitpunkt der Saison war klar, dass die Füchse ein Meisterschaftskandidat mit ihrem Trainer Hans Oertwig waren. Und so kam es dann ja auch: Am Ende der Spielzeit waren sie der verdiente Meister der Berliner Oberliga.

Spielentscheidend war ihr Mittelfeldstratege Dirk Kunert, der an allen fünf Treffern maßgeblich beteiligt war. Ausgerechnet Peter Fraßmann, Wackers erfahrenster Spieler, sorgte mit seinem Eigentor zum 2:3 für die endgültige Wende im Spiel, nachdem Edeltechniker

Blüthmann das 2:2 für die Füchse geschossen hatte. Als er von den Füchsen eine Zeitstrafe erhalten hatte, kassierten die jetzt unentwegt stürmenden Wackeraner noch zwei Tore, die aus Kontern resultierten. So oder so, der Sieg der Füchse war auf jeden Fall hochverdient.

Reinickendorfs Fußball hatte unter der Woche ein echtes Spektakel erlebt, und der Reporter der Fußball-Woche Raimund Wilhelm sagte Wacker denn auch eine weiterhin starke Saison voraus. Zwei Wochen später untermauerte Wacker den Anspruch, sich noch nicht aus dem Titelkampf verabschieden zu wollen. Auswärts bei Türkiyemspor wurde mit 2:1 gesiegt. Eine Woche später wurde Herthas zweite Mannschaft mit 5:2 abgefertigt. Und es lief weiterhin sehr gut. Erdmanns Devise nach dem geglückten Auftritt im Kreuzberger Katzbachstadion lautete: „Die Umstellung unserer Spielweise hat sich gelohnt. Auch auswärts einen forschen Vorwärtsgang einzulegen, die Offensive zu suchen, aggressiv zu sein und im richtigen Moment zu kontern zahlt sich aus."

Das klang schon 1988 verdammt nach dem heutigen modernen Klopp-Fußball mit Pressing, Gegenpressing und Umschaltspiel. Bei Rapide Wedding wurde 3:0 gesiegt, 4:1 hieß es beim SBC, wo es lange Zeit nach einem lila-weißen Schützenfest aussah. Bis Dirk Hofmann beim Stand von 3:0 an der Mittellinie völlig unnötig Rinder foulte, was den sofortigen Platzverweis in der 67. Minute zur Folge hatte. Doch nicht einmal diese rote Karte konnte Wacker ausbremsen. Eine Woche später kam allerdings der ,heiß geliebte' BFC Preussen an den Wackerweg, und es kam, wie es nicht kommen musste – Wacker unterlag mit 0:2! 70 Zahlende verloren sich im weiten Rund und sahen auf schneebedecktem Boden diese Schmach.

Eine kleine Zwischenbemerkung: Noch im November hatte der damalige Cheftrainer vom 1. FC Nürnberg, Hermann Gerland, die Wackeraner Mario Brandt und Bernd Henklein unter die Lupe genommen. Schlussendlich freilich hatte selbst der 2:0-Sieg mit einem Brandt-Tor den ,Tiger' nicht überzeugt.

In der Rückrunde kam es dann zum Showdown an Freiheitsweg, wo der Tabellenspitzenreiter Reinickendorfer Füchse Mitte Februar 1989 Wacker empfing. Es war der 20. Spieltag, und Wacker hatte bei einem Spiel weniger als die Füchse 27:9 Punkte, während diese mit 36:2 Punkten souverän die Liga anführten. Die 2:5-Klatsche aus dem Hinspiel aber saß den Wackeranern noch in den Knochen. Sie unterlagen erneut – relativ moderat allerdings – mit 0:2. Wieder nicht unverdient, jedoch abermals mit reichlich Pech an den Fußballstiefeln. Mario Brandt, der mit 14 Treffern in jener Saison Wackers Torjäger wurde, hatte allein in der 44. Minute dreimal hintereinander (!) den Ausgleich verdattelt. (Kuhlow übrigens hatte die Füchse in der 14. Minute in Führung gebracht.) Und das 2:0 vom späteren Mönchengladbacher Profi Peter Wynhoff fiel erst unmittelbar vor dem Schlusspfiff. Die Füchse zogen fortan an der Spitze einsam ihre Kreise, ehe sie in der Aufstiegsrunde zur 2. Bundesliga rasch ihre Grenzen aufgezeigt bekamen. Da wäre Wacker mit neunzigprozentiger Sicherheit genauso gescheitert.

Saison 1989/90

Bei Wacker war nun endgültig wieder Schmalhans Küchenmeister. Die Schulden wuchsen, und Mario Brandt ging (natürlich) fortan für Tennis Borussia auf Torejagd. Trainer Erdmann verließ ebenfalls die Brücke. So fuhr, um im Bild zu bleiben, das Schiff der Wackeraner permanent in unruhiger See. Und niemand schien wahrhaben zu wollen, dass zu diesem Zeitpunkt für Wacker in Sachen größerer Ambitionen die Messe längst gelesen war. Ein kümmerlicher 12. Platz sprang am Ende der Saison heraus. Sieben Heimniederlagen sprechen eine deutliche Sprache. Gegen Angstgegner Preussen kam es zwar zu einem 0:0, aber gegen Siemensstadt (15.) und den SC Frohnau (16.), wo man auswärts noch gewinnen konnte, wurde im Rückspiel verloren. Gegen 65 Tore in der Spielzeit 87/88, 51 Tore 88/89 standen nun nur noch 42 Tore bei 51 (!) Gegentoren.

Am 9. November 1989 war die Berliner Mauer gefallen, was wenig später die Umstrukturierung des Amateurfußballs zur Folge hatte. Außerdem stieß der erste Spieler aus dem Osten – nach Wolfgang John natürlich – zu den Wackeranern: Der eher schmächtige Ingo Reißner, der dann über Jahre eine wirkliche Verstärkung war, machte sich mit nur zwei Sporttaschen auf den Weg in den Westen. Nichts desto trotz, der Zug in Richtung Profifußball war da bereits längst abgefahren. Aber mal genauer hingeschaut und gefragt: Welcher Verein schaffte es überhaupt in Deutschland nach der Wende, ohne nennenswerte finanzielle Unterfütterung und/oder eine große Anhängerschaft dauerhaft im Profibereich zu reüssieren? Mir fallen lediglich Heidenheim, Paderborn und Sandhausen ein. Aber das war es dann auch schon.

Inmitten des Geschehens: Wende und Wiedervereinigung. 1991 Ende der Oberliga Berlin. Ein Jahr in der Oberliga Nordost. Neustart in der Verbandsliga Berlin und 1994 Fusion mit dem BFC Alemannia 90

Im März 1991 zog es mich erstmals seit 1988 wieder mit Freunden an den Wackerweg. Neugierde war es wohl, aber eher beiläufige, denn Wacker 04 war nun nicht mehr einer der Spitzenvereine der Oberliga Berlin wie noch in den Jahren 1987 bis 1989. Greiser, Hohner, Fraßmann und Co waren bereits Geschichte, aber an der Seitenlinie stand noch immer (oder schon wieder?!) der gute Klaus Basikow, der schon unter Trainer Bernd Huzzi Erdmann ab 1988 als sportlicher Leiter das Sagen gehabt hatte. Höffi Hofmann und Blacky Schwarz waren immerhin auch noch an Bord. Dazu Andreas Polenski, der schon beim FC St. Pauli unter Vertrag gestanden hatte. Das Novum dieser Spielzeit: Gleich zwei Brüderpaare spielten für die 04er. Stürmer Steffen Milenz hatte seinen Bruder Dietmar (Verteidiger) ,im Gepäck'. Und Marco Vogel (Mittelfeld) hatte seinen Bruder Thomas als Ersatztorwart allerdings nur ausnahmsweise an seiner Seite.

Insgesamt 23 Kicker zählte das Wacker-Aufgebot. Mit dem Schriftzug Wolters Pilsener auf dem Trikot spielten für den Verein Thaddäus Bohne, Thomas Vogel, Stephani (Torhüter), Frank Misch, Dietmar Milenz, Andreas Schwarz, Dirk Hofmann, Andreas Schünemann, Frank Kalinowski, Stefan Gympel, Thomas Czerwionka, Michael Giese, Lähn, Rogge, Andreas Polenski, Ingo Reißner, Carsten Kalff, Sven Schewe, Burkhard Sprengepiel, Remo Scardela, Zschech, Andreas Schünemann, Hildebrandt, Schäfer.

Es ging bei meiner ,Rückkehr' gegen den SCC, der 1983/84 u.a. mit dem späteren Nationaltorwart Andreas Köpke in der Zweiten Liga spielte und vor allem für seine Leichtathletikabteilung bekannt war.

Bei wunderschönem Frühlingswetter fanden aber, typisch für Spiele der Oberliga, nur 85 Zahlende den Weg in den ‚Käfig'. Geboten wurde ihnen jedoch eine ganze Menge. Nachdem Wacker bereits in der 6. Minute durch Schünemann in Führung gegangen war, kam der SCC in der 76. Minute zum verdienten Ausgleich. Torschütze Christian Müller war kein Unbekannter im lila-weißen Lager, hatte er doch 1987 für Wacker die Töppen gebunden. Auch dies ein altbekanntes Phänomen, dass sehr gute Amateurspieler stets ziemlich genau wussten, wo jeweils gut zu verdienen war. Doch dazu an späterer Stelle mehr.

In der 87. Minute war der Jubel schier grenzenlos, denn Wacker traf zum 2:1 Siegtor! Der eingewechselte Sonnyboy Frank Kalinowski hatte einen Kopfball überlegt ins lange Eck gesetzt. Kurz danach war er sogar von der Mittellinie aus allein auf Torwart Sobkowski zugestürmt, war jedoch gescheitert. Fast hätte sich das noch gerächt, da der SCC kurz vor Spielende die Latte des Wacker-Gehäuses traf. Trainer Basikow resümierte nach dem Schlusspfiff, dass „unser Sieg nicht ganz unverdient war".

Für mich war das Stadion am Wackerweg in den kommenden fünf Jahren ein ständiger Anlaufpunkt. Dass ich in gar nicht mehr so ferner Zukunft Wackers Pressewart werden und für das Stadionheft Artikel schreiben sollte, konnte ich freilich an jenem sonnigen Sonntag, als die weithin bekannten Pappeln Schatten spendeten, noch nicht wissen. Wacker 04 spielte in folgender Aufstellung: Thaddäus Bohne, Andreas Schünemann, Carsten Kalff, Thomas Czerwionka, Dirk Hofmann, Marco Vogel (ab der 64. Minute Frank Kalinowski), Andreas Polenski (ab Minute 75 Stefan Gympel), Remo Scardela, Andreas Schwarz, Steffen Milenz, Ingo Reißner.

Nachdem wir, also meine Freunde und ich, auch einem Spiel bei den Reinickendorfer Füchsen beigewohnt hatten, das die Wackeraner allerdings mit 0:2 verloren, wurde es am Samstag den 23. März wirklich interessant. Hertha 03 Zehlendorf gastierte am Wackerweg, und die waren immerhin Tabellenführer. Dem Meister der Oberliga Berlin winkte bekanntlich die Teilnahme an der Aufstiegsrunde zur 2. Bundesliga, was Anreiz genug war, alle Kräfte zu bündeln. Wacker dagegen steckte noch im Abstiegskampf. Zwar auf Rang 10 relativ gut platziert, aber eben punktemäßig noch längst nicht auf der sicheren Seite. Brisant war der Kick vor allem deswegen, weil die 03er noch Türkiyemspor (ein Spiel weniger bei lediglich zwei Punkten Rückstand) und Tennis Borussia im Nacken hatten. Jedenfalls spekulierte Klaus Basikow darauf, dass etliche Anhänger von Türkiyemspor an den Wackerweg pilgern würden, um Wacker zu unterstützen. Die Situation an der Tabellenspitze war also extrem spannend. Ich nehme das Ende trotzdem vorweg. Wacker spielte 1:1 gegen Hertha 03 Zehlendorf. Diese holten aus den letzten neun Spielen nur noch klägliche sieben Punkte. Türkiyemspor zog vorbei und sah lange Zeit wie der sichere Sieger der Berliner Oberliga aus.

Bis sie am vorletzten Spieltag bei strömenden Regen in ihrem Katzbachstadion Tennis Borussia glatt mit 0:5 unterlagen, und es folglich am letzten Spieltag zum Showdown kam. Tennis Borussia gastierte bei Tasmania und Türkiyemspor zeitgleich bei Wacker! Tennis Borussia (ohnehin vom Punktestand her im Vorteil) gewann in Folge seine letzten acht Spiele und wurde mit 45:15 Punkten vor Türkiyemspor (44:16) doch noch Tabellenerster. Meistercoach war kein geringerer als Peter Berg, der z.b. Wacker 04 im Jahr 1978 schon zum Berliner Meister gemacht hatte, als Klaus Basikow ein halbes Jahr in der 2. Liga Trainingsleiter von Tennis Borussia gewesen war. Kann man auch Drehtür-Fußball nennen.

Hertha 03 allerdings wurde mit nur 38:22 Punkten lediglich Dritter. Wie war das möglich? Warum baute Hertha 03 zum Saisonfinale derart ab? Die Antwort liegt wohl wieder zu um und bei achtzig Prozent auf der pekuniären Ebene.

Sieht man sich allein den hochwertigen Kader der Zehlendorfer an diesem Samstag an (das Spiel endete 1:1), wird schnell klar, dass die Penunse letztlich den Erfolg begünstigt hatte, auch wenn Kohle keine Tore schießt... Ich nenne drei Namen: Thomas Herbst (Ex-Bayern München- und Braunschweig/Mönchengladbach-Profi), Jörg Gaedke (Ex Blau-Weiß 90 Bundesligaspieler) und Heiko Schickgram. An ihnen lag es eher nicht, dass die 03er nicht mehr vorwärts kamen in den entscheidenden Matches. Dass z.B. Markus Kolbuch, der drei Monate später zur zweiten Mannschaft von Werder Bremen wechseln sollte, vielleicht nicht mehr ganz bei der Sache war, traf eventuell eher zu. Oder dass ein Mittelfeldtalent wie Martino Gatti, der bereits bei St. Pauli ein Probetraining absolviert hatte und weiterhin unter Beobachtung stand, um schließlich tatsächlich in den Kiez zu wechseln, sich nicht mehr auf die Gegenwart konzentrieren konnte, wird auch ziemlich nah an der Wahrheit dran sein. Und auch ein gewisser Niko Kovač hatte zu dem Zeitpunkt bereits Abwanderungsgedanken. Er wechselte zunächst zu den Herthanern, um später dann für die Werkself aus Leverkusen, den HSV und die Bayern aufzulaufen. Zu dieser Zeit existierte ja noch der Libero. Gespielt wurde mit einer Pille aus dem Adidas-Sortiment, Tango mit Namen, und es gab im Amateurbereich noch 10-minütige Zeitstrafen. Ausgewechselt durfte nur zweimal werden, und Rückpässe durfte der Keeper noch mit der Hand aufnehmen. Dennoch wird das Folgende deutlich machen, dass es bereits zahlreiche Parallelen zum heutigen Fußball gab. Dass eine *Dosenbrause* Vizemeister werden kann, war allerdings noch nicht in Sichtweite, auch wenn Red Bull bereits 1984 gegründet worden war.

In jedem Fall hatten wir Fans (wieder) Feuer gefangen. Sonntagnachmittag war nicht mehr die Zeit für Kaffee und Kuchen bei Oma, sondern für Bier und Bratwurst auf den Amateurplätzen Berlins. Montags studierte ich dann regelmäßig die Fußball-Woche, vor allem natürlich die Spielberichte über die Kicks der Wackeraner. Was sagten die Trainer nach dem Spiel? Was hatte ich übersehen beim Biertrinken und Anfeuern?

Der Ablauf eines Spieltages war eigentlich immer der gleiche. Man tauchte in eine andere Welt ein. Zunächst den staubigen Wackerweg passiert. Dann den Eintritt gezahlt und anschließend rein ins Wacker Casino. Dort drosch gleich am ersten Tisch Hans Hanne Gerlach vor dem Spiel einen Skat mit seinen Kumpels. Gerlach war einer der bekanntesten Besitzer eines sogenannten Tante-Emma-Ladens, der sich am Eichborndamm befand. Als Kinder naschten wir dort die süßen, wattierten, weißen Gummimäuse, und kauften dort im Auftrag unserer Eltern Schrippen. Hinter dem Tresen des Casinos zapfte ein sehr alter Mann Bier. Ich erfuhr, dass er ein ehemaliger Wacker-Torwart war. Ungläubig schüttelte ich den Kopf. Doch es war in der Tat Kurt Katze Burnitzki, der u.a. schon 1937 (!) für Wacker 04 im Tschammer Pokal (dem heutigen DFB-Pokal) gegen Hindenburg-Allenstein beim 6 : 0 Sieg vor 3.500 Besuchern sein Tor sauber gehalten hatte. Man stelle sich das vor, Olli Kahn hinterm Tresen im Vereinsheim… Katze gab die Pacht für das Wacker-Casino erst 1991 ab, mit unglaublichen 81 Jahren!

Das Saisonfinale zog übrigens jeden Berliner Amateurfußball-Anhänger in seinen Bann. Türkiyemspor war doch eigentlich schon durch. Dass ein türkischer Club sich den Meistertitel sicherte, hatte es in Deutschland zuvor noch nie gegeben. An einem Donnerstag (Vatertag) sollten wir dann beim SBC antreten, während Tennis Borussia zu Türkiyemspor ins Katzbachstadion musste. Während wir am Tresen des *Ziegelhofs* standen, teilt man uns mit, dass das Spiel beim SBC ins Wasser gefallen war. Der Wacker-Betreuer Wolfgang Eger spendierte uns Jim Beam-Cola und erfreute uns mit der Nachricht, dass wir nach dem nächsten Spiel daheim gegen die Türken zum Grillen mit dem Team eingeladen waren. Dann platzte die News herein, dass TeBe gerade mit 5:0 im strömenden Regen unter Ex-Wacker Trainer Peter Berg gesiegt hatte. Vorfreude auf das Match gegen Türkiyemspor stellte sich von jetzt auf gleich bei uns ein. Der Plan: eine gerade erst geschneiderte Riesenfahne sollte bei dieser Gelegenheit zum ersten Mal am Wackerweg hängen!

Am Montag allerdings wurde mir dann doch etwas mulmig, als ich erfuhr, dass es Ausschreitungen beim Spiel in Kreuzberg gegeben hatte. Dass es „Ohrfeigen und Tritte für die TeBe-Kicker!", wie die Boulevard-Blätter titelten, gesetzt hatte, bereitete uns im Hinblick auf das Endspiel Türkiyems am Wackerweg schon etwas Sorgen. „Tausende standen dicht am Rasenrand, schrien die TeBe-Spieler an, ohrfeigten sie sogar und brüllten zum Schiedsrichter: „Nazi, Nazi, Nazi!". So stand es geschrieben. Berlins Bundesliga-Schiedsrichter Peter Gabor äußerte sich folgendermaßen gegenüber der Bild-Zeitung: „Das ist ein Skandal. Mehrmals drohte der Spielabbruch. Türkiyemspor hat uns wiederholt versichert, daß es zu keinen Krawallen kommen werde. Vor allem aber, daß kein Zuschauer die Aschenbahn betreten würde. Es muß unbedingt eine Umzäunung her."

Am Wackerweg gab es glücklicherweise einen Zaun. Sechs Männeken – also ich und meine Freunde – standen hinter diesem Zaun zusammen mit rund 900 türkischen Fans. Alles blieb zunächst ruhig. Die etwa 30 Polizisten in ihren grünen Jacken und mit Schirmmützen hatten nichts zu tun. Als aber Frank Kalinowski nach dem 0:1 Rückstand mit zwei Treffern auf 2:1 für Wacker 04 zur Pause stellte, schwante uns Böses, zumal einer unserer Anhänger einen Türken fragte, wie es denn gerade stünde... Was wohl besser unterblieben wäre. Letztlich freilich spielte das alles keine Rolle mehr, da

Wacker mit 2:4 das Ding dann doch noch aus der Hand gab. Weil Tennis Borussia aber bei Tasmania nichts anbrennen ließ, nutzte der Auswärtssieg der Gastmannschaft nichts mehr.

Nach dem Abpfiff erklomm der Ex-Vorsitzende von Türkiyemspor den Zaun vor den Kabinen und hielt unter Tränen eine flammende Rede, die von den Fans frenetisch bejubelt wurde. Fußballromantik pur. Zum Saisonfinale siegte Wacker mit 2:0 beim Spandauer BC. Frank Kalinowski hatte beide Tore gekonnt vorbereitet, und war somit Man of the Match. Die Oberliga Berlin war Geschichte.

Oberliga Nordost/Staffel Nord. Saison 1991/92

Die Vorfreude auf dieses Abenteuer war allen Beteiligten anzumerken. Man muss sich das vor Augen führen: Spiele gegen die zweite Reihe der Ex-DDR-Vereine am Wackerweg! Ein Kräftemessen zwischen Profis und Feierabendfußballern. Nach über zehn Jahren wieder mit dem Reisebus auf große Fahrt zu den Auswärtsspielen.

Wacker hatte ein Auftaktprogramm de luxe zu absolvieren. Das konnte, dies die Meinung der Fans, nicht gut gehen. Tennis Borussia (A), Stahl Hennigsdorf (H), Reinickendorfer Füchse (A) und FC Berlin (also der BFC Dynamo, A). Das waren alles Vereine, die uns vor allem hinsichtlich der finanziellen Ausstattung überlegen waren. Bei Tennis Borussia setzte es bei schönstem Sommerwetter ein erwartbares 1:5; aber das war uns Fans egal. Wir zeigten mit zwei Fahnen im Mommsenstadion Präsenz und feierten trotz der Klatsche. Danach gab es ein etwas ärgerliches 2:3 gegen die Reinickendorfer Füchse. Da das Spiel von beiden Seiten offensiv geführt wurde, war es trotzdem ein Hingucker. Es folgten ein 0:5 beim FC Berlin und ein 2:3 gegen Stahl Hennigsdorf. Eine Pleite folgte, wie vorausgesehen, der nächsten. Es war vielleicht nicht das Schlechteste, dass wir zwei dieser drei Spiele verpassten. Und außerdem, was blieb uns anderes übrig, als uns in die schwierige Lage zu finden?!

Am 1. September kamen wir braungebrannt vom Dänemark-Urlaub an den heimischen Wackerweg zurück. Im Gepäck hatten wir eine neue, größer dimensionierte Wacker-Fahne. Die Vorfreude auf den nächsten Gegner, den Ex-DDR-Oberligisten Stahl Eisenhüttenstadt, der in der letzten DDR-Saison noch auf Rang neun rangiert hatte und vom ehemaligen Bundesligaprofi Hans Günther Neues trainiert wurde, war riesengroß. Neues hatte als Aktiver insgesamt 219 Bundesligaspiele absolviert, davon 131 allein für den 1. FC Kaiserslautern, und hatte dabei – ein harter Hund – 26 gelbe und zwei rote Karten kassiert.

Wacker ging durch Frank Dietrich in Führung, und Basikows Schachzug, Marco Vogel auf die Libero-Position zu stellen, funktionierte prächtig. Das 1:1 in der 62. Minute dämpfte unsere Stimmung etwas herab. Doch als Michael Giese in der 77. Minute den pfiffigen Einfall hatte, den Ball über den herausstürmenden Keeper Hawa aus 20 Metern ins leere Tor zu lupfen, war alles wieder im Lot. Da hatten, kleine Randbemerkung, wir Wacker Anhänger schon eine Diskussion mit der Polizei hinter uns. Denn nach der Pause waren zwei Beamte auf uns zugekommen und hatten allen Ernstes gemeint, dass ihnen zu Ohren gekommen sei, dass wir den Anhängern von Stahl Prügel angedroht hätten. Wir kamen aus dem Staunen nicht mehr heraus. Der Einzige, der offenbar Lust auf einen Faustkampf hatte, war Eisenhüttenstadts Mittelfeldmann Schnürer, der in der 82. Minute des Feldes verwiesen wurde, nachdem er den Schiedsrichter beleidigt und ihm darüber hinaus noch Prügel angedroht hatte. Was eventuell auch daran lag, dass der Spieler, nachdem er Wackers Reißner in die Magengrube geboxt hatte, wenig später von diesem ein blaues Auge verpasst bekommen hatte… Egal wie, mit diesem Sieg waren wir endlich angekommen in der Liga!

Klaus Basikow sagte nach dem Abpfiff: „Heute hatten wir einmal das Glück, das uns gegen Reinickendorf und Hennigsdorf gefehlt hat. Ich hoffe, dass der Erfolg nun Signalwirkung hat". Hüttes Coach Neues, der mit nur 66 Jahren im Jahr 2017 einem Krebsleiden erlag, konstatierte in echter Lauterer Manier: „Ein verdienter Erfolg der fightenden Wackeraner. Bei uns fehlte jede Aggressivität. Das Spiel wurde im Kopf verloren." Mehr als nur eine Randnotiz zu diesem Spiel ist der Fakt, dass Eisenhüttenstadt als unterlegener FDGB Pokalfinalist (0:1 gegen Hansa Rostock) am Europapokal der Pokalsieger teilnehmen durfte, und nur 17 Tage später zu Hause gegen Galatasary Istanbul mit 1:2 unterlag, nachdem sie sogar in Führung gelegen hatten. Ein EC-Cup Teilnehmer wird vom Oberligisten Wacker 04 bezwungen… Verrückte Wendezeit!

Mein Kurzabenteuer bei der Berliner Fußball-Woche

Im Spätsommer 1991 hatte die Berliner Fußball-Woche neue Bericht-erstatter gesucht, und ich bewarb mich mit einem Spielbericht der Bundesliga Partie VfL Bochum gegen den 1. FC Köln (2:2). Da Boch-ums Pressesprecher Wolfgang Hellmich ein guter Bekannter war, rief er Chefredakteur Rudi Rosenzweig an, um ihm zu bedeuten, dass der „Markus ein echter Idealist sei, dem es nicht ums Geld ginge". Wie auch immer, ich erhielt den ersten Auftrag, wodurch Wacker 04 für mich erst einmal in den Hintergrund trat; allerdings nur für wenige Wochen.

Also sei an dieser Stelle ein kurzer Ausflug in den Journalismus gestattet, ehe ich mich wieder Wacker 04 zuwende. Ich wurde zu einer Partie des Traber FC beordert, wo inzwischen der alte Berliner Toptorjäger Norbert Stolzenburg Trainer war. Ihn hatte ich vor und nach der Partie zu interviewen. In der Redaktion tippte ich den Be-richt. Mein Honorar für sechs Stunden Arbeit belief sich auf 40 DM. Aber mein Name stand fettgedruckt in der FuWo!

Am nächsten Sonntag ging es in die Halker Zeile, also tief in den Süden der Stadt. Dort kickte der Lichtenrader BC. Nach einem denn doch stressigen Tag händigte ich Rudi Rosenzweig in seinem Büro meinen Bericht aus. Ein anderer Mitarbeiter betrat den Raum und begann zu schleimen: „Guten Tag, Herr Rosenzweig… Hier, bitte sehr, Herr Rosenzweig… Einen schönen Sonntag noch für Sie, Herr Rosenzweig". Ich dachte, ich höre nicht recht. Wenn das zum Journalismus dazu gehört, ist das nichts für mich. Chef hin oder her.

Erst kürzlich stieß ich im Buch des Ex-Nationalspielers Per Mer-tesacker auf eine mir sofort in die Augen fallende Passage. Thema ist eine Rede seines damaligen Hannover 96-Coachs Ewald Lienen, der sich über den Beruf des Sportjournalisten seinem Team gegenüber wie folgt geäußert haben soll: „Stellt euch vor, wenn diese Schreiber-linge alt sind, haben sie lauter Falten im Gesicht und sind zerfressen von ihrer Negativität."

„Meine Freunde sind heute beim Wacker-Spiel in Rostock."
„Ach, Sie wollen nach Rostock?", antwortete der kauzige Mann. Da-bei war meine Bemerkung ein einziger Hilfeschrei. Meine Freunde machen Party in Rostock, während ich hier wie bei einem Verhör Rede und Antwort stehen und darauf hoffen muss, dass der Herr meinen Spielbericht gutheißt.

Man übertrug mir am 23. Oktober 1991 immerhin mein erstes Oberligaspiel. Das Honorar betrug dieses Mal 50 DM. Und einen Presseausweis bekam ich nun auch! Im Stadion Lichterfelde spielte der dort beheimatete VfB (unter der Führung des Ex-Wacker Coachs Bernd Huzzi Erdmann) bereits am Vormittag gegen Lichtenberg 47. Auch mein Chef, Rudi Rosenzweig, ließ es sich an diesem Tag nicht nehmen, bei Kaffee und Kuchen dem Spiel beizuwohnen, und mich bei dieser Gelegenheit auch noch den Verantwortlichen des Vereins vorzustellen. Wie nett, dachte ich. Eine schöne Geste.

Was ich dann aber am anderen Morgen beim Aufschlagen der Fußball-Woche las, war eine einzige Ohrfeige. Unter der nicht von mir stammenden Überschrift „Konsequent" stand (ich traute meinen Augen nicht) zu lesen: „Ab geht die Post, stand auf drei grellgelben Werbetransparenten an der Bande des Lichterfelder Stadions. Und das ist gut so, denn von 41 Zahlenden kann der gut geführte VfB den Spielbetrieb nicht finanzieren. Es dauerte aber lange, bis die Lichterfelder nach gutem Start der Freunde aus Lichtenberg (sofort nach dem Mauer-Fall traf man sich schon auf dem Sportplatz) und zwei Standardsituationen den Flieger im 47er Tor überwinden konnten. Im Regen (gut, daß am frühen Morgen bei den ersten Tropfen kein Vertreter vom Garten- oder Sportamt da war, um den bekanntlich unter ‚Denkmalschutz' stehenden Rasen sperren zu können) entwickelte sich ein flottes Spiel, wobei Thamke und Reeder zunächst auf der Bank Platz nehmen mußten, weil sie nicht eine Stunde vor Spielbeginn da waren. Die richtige Konsequenz von Trainer Huzzi Erdmann!"

Dann erst begann ‚mein' Artikel. Der Einstieg ging voll auf die Kappe von Rosenzweig. Auch wenn unter dem Text mein Name stand, Freude wollte nicht aufkommen. Was interessiert die Meinung des Chefredakteurs, der das Spiel nicht mal komplett verfolgt hatte?!

P.S.: Für den VfB Lichterfelde traf übrigens der Ex Wacker Spieler Christian Müller ins Schwarze. Schwamm drüber. Oder doch nicht ganz. Denn es kam noch besser. Offenbar war mir in der Hektik ein Spielername durchgerutscht, sodass die Redaktion noch einmal zum Telefonhörer greifen musste. „Das geht nicht, da verlieren wir zu viel Zeit!", ermahnte Rosenzweig mich. Die Konsequenz:

Sie schickten mich am Wochenende darauf – quasi als Degradierung – zu einem Spiel der Kreisliga C (!), wo ein Verein mit hohem Immigrantenanteil kickte, der schon öfters durch Randale bei Spielen aufgefallen war. Ich war ehrlich empört. Ich meldete mich nach dem Ende des Spiels bei der Redaktion, und teilte lapidar mit, dass ich dem Kick nicht beigewohnt hatte.

Zurück zu Wacker 04, bzw. deren Auswärtsspiel bei Hafen Rostock, das ich ja leider verpasste. Spieler, Betreuer, Trainer und zwei von unserem Fan-Club trafen sich um 10 Uhr am Wackerplatz. Von dort ging es mit dem Reisebus zum Frühstücks-Zwischenstopp nach Malchow. Das Stadion zu finden war eine nicht ganz leichte Aufgabe. Wackers erster Sieg in der ehemaligen DDR war zwar mit 2:1 knapp ausgefallen, aber auf alle Fälle verdient. Wieder einmal hatte Keeper Bohne sieben Minuten vor Ende einen Freistoß mit einer Glanztat entschärft. Ein Betreuer, der später als Art interner Whiskey-Sponsor und Kistenschlepper bei Wacker ehrenamtlich tätig war, sang auf der Rückfahrt Karnevalslieder, von den Spielern mit „aufhören, aufhören" quittiert. Der Sieg in Rostock übrigens war bitter nötig, da Wacker zuvor mit 5:2 in Greifswald verloren hatte, obwohl sie 61 Minuten einen Mann mehr auf dem Platz hatten, und beide Ehrentreffer auch noch irregulär waren. Daheim hatte es nur zu einem mauen 0:0 gegen Eberswalde gereicht. Nach 3:11 Punkten wurde es wirklich höchste Eisenbahn. – Die erste Fahrt in die Fremde war, wie gesagt, der Trip nach Greifswald, wo mit 5:2 deutlich verloren wurde. Das überhaupt erste Gastspiel Wackers in Greifswald lag allerdings bereits ein paar Jährchen zurück. Am 3. Mai 1936 hatte Wacker 04 im von Tschammer Pokal den Greifswalder SC mit 2:0 besiegt.

Zurück in die Gegenwart der frühen neunziger Jahre. Es folgte ein 2:2 gegen Post Neubrandenburg. Im Übrigen recht glücklich für die Wacker-Elf. Klaus Basikow sah „60 Minuten unser schlechtestes Heimspiel", doch wie aus dem Nichts führten die Veilchen durch Dietrich (66., Assist von Gympel) und Gympel selbst (78.), der einen Patzer von Libero Zallmann postwendend bestrafte, mit 2:1. In der 81. Minute allerdings landete ein Freistoß in der von Bohne abzusichernden Torwartecke, was einen Streit unter den Lila-Weißen zur Folge hatte. Sei's drum, in der Nachspielzeit parierte unser Keeper einen Kopfball und rettete somit immerhin den einen

Punkt, wie er ja auch bereits gegen Eberswalde und Rostock wichtige Punkte festgehalten hatte.

Die folgenden Wochen waren eine einzige Tristesse, ehe dann ausgerechnet im diesigen Monat November vorübergehend die Sonne aufging. Blau-Weiß Parchim gastierte am Wackerweg. Am Ende der Saison hatten sie als abgeschlagenes Schlusslicht nur kümmerliche sechs Punkte eingefahren und ganze 115 Gegentore kassiert. Kurz vor dem Halbzeitpfiff ging ich mit einem Kumpel zum Bierstand. Wir wollten in der Pause nicht unnötig anstehen. Doch das war ein Fehler, denn Marco Vogel hämmerte in diesem Moment den Ball in den Winkel des Parchimer Tores. Im Vorwort des Wacker Echos kommentierte (Noch-) Präsident Klaus Bitttroff: „Liebe Fußballfreunde! Für uns Fußballer war es ein langersehnter Wunsch, mit Mannschaften aus dem Osten unseres Vaterlandes Wettkämpfe um Punkte zu bestreiten.

In der Oberliga Nordost freuen wir uns auf die Sportfreunde der Vereine Post Neubrandenburg – Stahl Hennigsdorf – FC Berlin – PFV Bergmann-Borsig – Blau Weiß Parchim – Rot-Weiß Prenzlau – Viktoria Frankfurt (Oder) – Stahl Eisenhüttenstadt – PCK Schwedt – Hafen Rostock – Greifswalder SC – Motor Eberswalde (…).“

Da sich Bittroff am Wackerweg rarmachte, fragte ich im Herbst 1991 bei Fritz Herz an, ob ich nicht das Wacker Echo übernehmen könnte. Und was soll ich sagen? Ich übernahm.

Das Spielniveau der Mannschaft besserte sich spürbar beim Auswärtsspiel bei PCK Schwedt. Vor dem Parchim-Heimspiel noch auf einem Abstiegsplatz, konnte man nun endlich durchatmen. Denn auswärts bislang, abgesehen von dem Sieg in Rostock, erfolglos, ertrotzte man in Schwedt ein 1 : 1 vor 700 zahlenden Zuschauern. Auch wenn der Gegner den Wacker-Treffer per Eigentor selbst markierte, schafften folgende Wackeraner den verdienten Punktgewinn, den Trainer Basikow im Übrigen vorausgesagt hatte: Bohne, Misch, Czerwionka, Kalff, Scardela, Hofmann, Vogel, Reißner, Schulz (ab 72. Dietrich), Giese, Richter.

Das war nun auch mehr oder weniger die künftige Stammelf der Wackeraner. Ergänzt durch Bethke und fortan ohne Gympel, Görsdorf und Blacky Schwarz. Statt Technik war jetzt Zweikampfhärte Trumpf, was, wie sich bald schon herausstellte, nicht unbedingt das Verkehrteste war. Wären nicht die vielen ‚Disziplinlosigkeiten' den

Schiedsrichtern und Gegenspielern gegenüber gewesen, hätte das Ganze auch ein gutes Ende nehmen können.

Eine Woche später gab es den nächsten Höhepunkt. Der PFV Bergmann-Borsig war zu Gast. Ohne den nach England zu Aston Villa gewechselten Stefan Paule Beinlich, aber immer noch mit Matthias Breitkreutz, der kurz danach auf die Insel wechselte. Und mit der Empfehlung von sieben Auswärtssiegen in Folge. Die 122 Zuschauer kamen aus dem Staunen nicht mehr heraus: geniales Powerplay der Gäste, doch die Punkte gingen an Wacker! „Sicherlich die Sensation in der Oberliga Nord", leitete Steffen Köhler seinen Artikel in der Fußball-Woche folgerichtig ein. Frank Dietrich hatte die Farben der aufopferungsvoll kämpfenden Helden vom Wackerweg in Führung gebracht (32.). Nach einer von Marco Vogel getretenen Ecke zimmerte er die Pille per Kopf unter die Latte. Sonst hatte der Ex-Zweitliga-Profi (50 Spiele bei sieben Toren) seine Treffer zumeist durch pfeilschnelle Flachschüsse in eine der beiden Torecken gemacht, doch mit dem Kopf konnte er es eben auch. Wir Fans standen hinter dem Tor und mussten mitansehen, wie eine Angriffswelle nach der anderen auf unser Tor zurollte. Torwart Bohne lag ständig am Boden, schmiss sich in halsbrecherischer Manier vor jeden einschussbereiten Angreifer, und ich dachte die ganze Zeit: Verdammt, warum ist mal wieder kein TV-Team vor Ort? „Wacker Coup!" stand anderntags in einer Zeitung.

Eine Woche später kam es zum Rückspiel in Ostberlin, wo Wacker den Bergmännern standesgemäß mit 5:1 unterlag. Viel wichtiger war ein eher unerwarteter Punktgewinn bei Eiseskälte am 8. Dezember am Freiheitsweg bei den Reinickendorfer Füchsen (0:0). Spielentscheidend war Schiedsrichter Holz aus Tegel, der in der 36. Minute eine recht merkwürdige Entscheidung traf. Dirk Höffi Hofmann hatte in der für ihn typischen Tackling-Manier erst Thiel gefoult und dann auch noch nachgetreten. Der Schiri erkannte aber auf einen Freistoß für Wacker… Füchse Keeper Kämpfe brachte das derart aus der Fassung, dass er verbal loslegderte und daraufhin des Feldes verwiesen wurde. Rot! Mittelfeldmagier Pietsch von den Füchsen hatte übrigens kurz zuvor eine zehnminütige Zeitstrafe aufgebrummt bekommen.

Heimcoach Gerd Achterberg schimpfte anschließend über eine destruktive Wackermannschaft, die „im Verbund" mit dem Schiedsrichter seine Mannen aus dem Tritt gebracht hätte. Wir Fans jedenfalls haben uns damals prächtig amüsiert.

Weihnachtsfeiern beim SC Wacker 04 sind immer etwas Besonderes und schwer in Worte zu fassen. Man muss dabei gewesen sein. Mit zwei Worten: ausgelassenste Partylaune. Nachdem Trainer Basikow zunächst seine obligatorische Eröffnungsrede gehalten hatte, in der er sich bei Spielern, Eltern, Betreuern und uns Fans herzlich bedankte.

Höhepunkt war stets die Tombola, die Co-Trainer und Platzwart Frank Ott gemeinsam mit Libero Frank Misch organisierte. Ein Los war im Eintrittspreis von 40 DM enthalten. Das hieß, man konnte sich am Büffet ohne Limit sattessen, und der Gegenwert der verlosten Preise (jedes Los gewann!) lag stets bei mindestens 20 DM. Unvergessen die Tanzeinlagen unseres guten Geistes Heinz Pipo Fenselau. Er saß am Tisch zusammen mit Erwin Ottke und Ex-Präsidiumsmitglied Kurt Tonndorf (Opa des W04 Spielers Sven Schewe). Pipo war unübertroffen in Sachen Einsatzfreude und Herzlichkeit. Wenn ein Heimspiel um 14:30 Uhr begann, und ich bereits eine Stunde zuvor eintrudelte, um die Aufstellungen für meine Aufzeichnungen zu checken, empfing er mich stets mit den lachend ausgestoßenen Worten: „Mann, Mann wo bleibste denn?!" Er wiederholte dann noch mindestens dreimal, wie der Schiri hieß, und wo der jeweilige Spielleiter herkam. Immer schön gründlich – und vor allem besorgt um seinen Herzensverein. Alle liebten ihn.

Zurück zur Tanzeinlage. Als sich Pipo verabschieden wollte – er wohnte übrigens in einer Laube am Spandauer Damm, wo wir ihn ab und an mit Kartoffeln versorgten – johlte die Meute: „Hey Pipo! Dageblieben!" Von jetzt auf gleich erstrahlte sein Gesicht, und er legte eine Sohle aufs Parkett, die sich gewaschen hatte.

Oder die Episode mit dem Auswärtsspiel in Spandau beim SBC. Pipo wuselte bereits am Ziegelhof, der Spielstätte der Spandauer, herum, als ihn ein mulmiges Gefühl überkam. Verdammt, wo bleiben die bloß! Dreißig Minuten vor dem Anpfiff stand er dort von Gott und der Welt verlassen herum, und wollte bereits den „kampflosen Verzicht" auf die Punkte bekanntgeben. Doch dann trafen die Spieler doch noch ein. Man hatte ihn einfach nicht darüber informiert, dass nach einem gemeinsamen Frühstück im Wacker-Casino alle Spieler per PKW anreisen würden.

Noch im alten Jahr gab es das 14. Oberliga-Hallenturnier, bei dem auch die Berliner Vereine aus der Oberliga-Mitte-Staffel teilnahmen. Also u.a. auch der 1. FC Union, Hertha 03 Zehlendorf und Türkspor. Wir, also wir Fans, waren zu viert. Eigentlich waren wir zu fünft, denn einer von uns hatte einen lauten ‚Kumpel' mitgebracht – seine Trompete! Diese konnte er zwar nicht wirklich spielen, aber zum ohrenbetäubenden Stakkato reichte es trotz allem. Wacker schied unglücklich aus. Zwei Siege, einer gegen Hertha 03 und einer gegen Türkspor, zudem ein ehrenwertes 1:1 gegen Union, reichten für das Weiterkommen leider nicht aus. Auf den Tribünen des Erika-Heß-Stadions, in dem sonst Eishockey gespielt wurde, kam es auch zu Tumulten zwischen türkischen Anhängern und denen der Unioner. Wir schlugen uns, freilich bloß verbal, auf die Seite der Türken, mit dem so gar nicht gewollten Ergebnis, dass die Türkspor-Anhänger fortan Wacker 04 anfeuern sollten.

Das Heimspiel gegen Tennis Borussia war dann am 3. Februar. Der Auftakt zu einer Rückrunde, die spannend und kurios verlief, letztlich aber nicht vom erhofften Erfolg, dem Verbleib in der Liga, gekrönt wurde. Als Wacker nämlich seinen ersten Sieg in der Rückrunde feierte, stand der Abstieg bereits fest. Es waren der Unentschieden einfach zu viele. Heute zählt ein Remis auf Grund der 3-Punkte-Regel ohnehin nicht mehr viel. Hätte unser Team in fünf Partien, die remis endeten, je ein simples Tor mehr erzielt – Wacker wäre dringeblieben! Hätte, hätte, Fahrradkette.

Weiter in der Chronologie. Am 22. Februar 1992 sollte der Staffelfavorit FC Berlin, der uns im Hinspiel noch mit 5:0 abgebürstet hatte, auf dem Wacker-Platz antreten. Auf deren Trainerbank saß wirklich noch der alte, erfahrene EC-Cup- und DDR-Serienmeistercoach Jürgen Bogs. Sie hatten aus Imagegründen den glorreichen BFC in FC Berlin umbenannt. Das war kurios, denn einen FC Berlin hatte es schon unzählige Male im alten Westberlin gegeben. Man versuchte mehrfach, eine Allianz aus Vereinen wie Wacker 04, Blau-Weiß 90, Tennis Borussia usw. zu bilden, die endlich und wirklich dem Senatsliebling Hertha BSC Paroli zu bieten vermocht hätte. Doch aus unterschiedlichen Gründen und vor allem auf Grund persönlicher Eitelkeiten misslang das Vorhaben bekanntlich mehrfach.

Nun sind ja alle großen Vereine aus Fusionen entstanden. Kein Problem, so lange die endgültige Namensfindung mindestens

80 Jahre zurückliegt. Trotzdem. Ist eine Fusion nicht doch letztlich so etwas wie ein Zugrabetragen der Tradition? In Dänemark hatte man beim Erstligisten Lyngby an eine Mauer geschrieben: „Fusioner er for kujoner!", was übersetzt heißt: „Fusionen sind etwas für Feiglinge!" Denn was bleibt, wenn die ursprünglichen Vereinsfarben und der Name verschwunden sind?

Wie auch immer. Am Morgen des Spieltags – es war ein Sonntag – rief ich gegen 10:00 Uhr an, da waren Platzwart Frank Ott oder sein Kollege schon vor Ort. „Spiel fällt auf sicher aus!", sagte er mir angesichts des ackermäßigen Rasens, zumal es unaufhörlich weiterregnete. Eine Stunde später ein erneuter Anruf. Mit demselben Resultat. War das Sportamt zur Prüfung aufgetaucht? Oder so früh bereits der Schiedsrichter? Zu viel Zeit ist seither ins Land gegangen, als dass ich mich noch an jedes Detail erinnern könnte. Woran ich mich aber genau erinnere, ist mein Erstaunen montagfrüh. „Czerwionka auf der Linie" stand im Sportteil der Fußball-Woche. Welche Linie? Unser Thomas Czerwionka? Hatten die etwa in aller Kürze ein separates Freundschaftsspiel hinbekommen? Doch beim Weiterlesen begriff ich. „Wacker überraschte den Favoriten. Wacker 04-FC Berlin 1:1 (1:1)." Das Spiel hatte also doch stattgefunden, mit einem unglaublich tollen Resultat für uns Wackeraner.

Mein nächstes Treffen beim Dienstagabend-Training mit Trainer Basikow führte zu einem schlechten Gewissen meinerseits. „Wo wart ihr denn?", sprach er mich mit einem leicht säuerlichen Unterton an. Ich versuchte ihm klarzumachen, dass mir telefonisch der Ausfall des Spiels übermittelt worden war.

„Ich hatte meine Männer umsonst vor der großen Kampfkraft des Gegners gewarnt. Es ging wohl in ein Ohr hinein und aus dem anderen Ohr hinaus! Wir hatten zwar mehr Möglichkeiten als Wacker, aber das Unentschieden ist gerecht", fasste Trainer Jürgen Bogs fair und stimmig das Spiel zusammen. Obwohl ich also nicht zugegen gewesen bin, in Kürze das Wesentliche: Los ging es zunächst standesgemäß. Pronischew hatte die Gäste in der 12. Minute in Führung gebracht, und manch einer dachte wohl bereits an das 0:5 im Hinspiel. Doch Wacker schlug zurück. Kalinowski hatte per Absatz zu Schulz weitergeleitet, dessen Flanke Dietrich mit der Brust annahm, um die Pille dann, eine seiner leichtesten Übungen, ins lange Eck zu befördern. Damit ging es in die Kabinen.

Dynamo kam insgesamt zu sechs Torchancen, Wacker zu deren drei. Aber am Ende passte das Resultat. Auch wenn Basikow nach dem erlösenden Abpfiff von den „längsten fünf Schlussminuten meines Lebens" sprechen sollte. Der Schiedsrichter kam übrigens aus Schöneberg und ließ vier Minuten länger spielen. Gang und gäbe im heutigen Fußball, aber damals musste schon im Spiel die Hölle los gewesen sein für zwei Minuten Nachspielzeit. Die Zuschauerzahl war der Witz des Tages: 178! Wenn außerdem bedacht wird, dass bei Wacker immer 100 Zahlende zugegen waren… „Schließlich waren wir auch in den Zweikämpfen stärker", lautete Basikows Kurzresümee. Außerdem hatte nur ein Spieler (Sven Bethke) Wackers gelb gesehen. Disziplin lautet das Stichwort, die bald fehlen sollte und Wacker schlussendlich in den Abgrund stürzen ließ.

Wobei ich auch nach mehr als dreißig Jahren den damaligen Wacker-Spielern keinen Vorwurf machen kann. Man spricht ja heute viel von Regeneration, gesunder Ernährung, mindestens acht Stunden Schlaf etc. Und schnell ist mal eine Muskulatur übersäuert, bzw. der ganze Kerl ausgebrannt und im Aggressionsmodus aufgrund von mangelhafter Regeneration.

Wenn aber die entscheidenden Spiele um den Klassenerhalt für die Feierabendprofis ausgerechnet unter der Woche, also nach einem harten Acht-Stunden-Arbeitstag, stattfinden, wird das Dilemma der mangelhaften Ansetzung durch den NOFV nur allzu deutlich. Gegen Preussen daheim an einem Mittwoch und dann ebenfalls noch abends unter der Woche in Eisenhüttenstadt! Fairness geht irgendwie anders.

Doch zunächst war Party angesagt! Remis gegen den BFC! Und bei uns hatten ja zudem mit Görsdorf, Vogel, Giese, Kalff, Gympel und Schwarz nicht weniger als sechs Topspieler vom ursprünglichen Kader gefehlt! Der Ostberliner-Wackeraner Ingo Reißner hat dieses Spiel bis heute nicht vergessen: „Ich saß noch um Mitternacht in vollständiger Spielerkluft in der Kabine und feierte!" Nicht zum Feiern zumute war lediglich Frank Kalinowski. Noch beim anschließenden Mannschaftsessen bekam er derartiges Kopfweh, dass er sich von seiner Mutter ins Krankenhaus chauffieren lassen musste.

Wir Fans hatten vor dieser Spielzeit ein beidseitig bedrucktes schwarz-weißes T-Shirt kreiert. Vorne stand (nebst abgekupferter

Zeichnungen aus den Werner-Comics) „SC Wacker 04 Fan Club Wittenau-City on tour". Hinten waren die Termine der Auswärtsspiele notiert. Die wir aber nicht wirklich alle mit unserer Gegenwart beehrt haben. 4 Gegenwart beehrt haben. In Hennigsdorf zum Beispiel, nur eine S- Bahn Station hinter Berlin, waren wir nur in kleiner „Runde" vertreten. Mein Bruder Rainer meint, er sei mit seinem Nachbarn und unserer Fahne dort gewesen, und etliche ostdeutsche Rentner seien zu Fuß über unsere am Boden liegende Flagge gelatscht...

Mit der Disziplin der 400 Zuschauer stand es in der brandenburgischen Kleinstadt auch nicht durchweg zum Besten. So wurden zwei betagten Wacker-Freunden die Reifen ihrer Fahrräder aufgeschlitzt. Die Wacker Elf ging sowieso mit 0:1 baden, erneut und einmal mehr trugen Undiszipliniertheiten das ihrige zum Misslingen bei. So foulte Czerwionka bereits nach fünf Minuten Lenz in Herrenmanier, wofür es eine zehnminütige Zeitstrafe setzte, und Torsten Schulz musst nach 40 Minuten ausgewechselt werden, da die Rote Karte drohte. Kalinowskis Zeitstrafe in der 82. Minute war dann auch schon egal. Nein, die Auswärtsplätze in den neuen Bundesländern lagen Wacker nicht allzu sehr.

Nun ging es gegen den alten Rivalen Spandauer BC am Wackerweg. Das Mittelfeld ist bekanntlich der Motor einer Mannschaft. Wenn dort wichtige Spieler fehlen oder mit halber Kraft kicken, hat jede Mannschaft der Welt ein mächtiges Problem. So musste Trainer Basikow vor nur 131 Besuchern in der 59. Minute einen Doppelwechsel in der Schaltzentrale der Mannschaft vornehmen. Für Görsdorf kam Vogel, und für Scardela Schienagel. Die Folge: das 0:0 wackelte öfters bedenklich. Und wieder waren es Keeper Bohne, der emsige Arbeiter Schulz, sowie (diesmal als Manndecker) Fränki Misch, die Wackers beste Akteure waren. Laut Fu-Wo-Reporter Ramin kam der Ex Zweitligastürmer Frank Pagel für den SBC „aus dem Spiel heraus nicht einmal zum Schuß". – Das erinnern wir Wacker-Freaks aber anders. Als Pagel einen artistischen Seitfallzieher meterhoch über den Kasten schoss, rief mein Bruder Rainer laut und deutlich: „Und jenau dit hab' ick dia ooch nur zujetraut!" Au backe! Pagels auf uns gerichteter Blick war in diesem Moment echt unbezahlbar! Vernichtung pur.

Nach dem Spiel saßen wir Fans zusammen mit den Spielern der beiden Mannschaften im Wacker-Casino. Würde es noch Theater geben? Nein. Als Pagel seine Sporttasche aufhob und sich an unserem Tisch vorbei zum Ausgang begab, klopfte er nur – ein Gruß unter Sportsfreunden – auf unseren Tisch und wir grüßten freundlich lächelnd zurück. Peter Pagel, im Hauptberuf Busfahrer, starb im Alter von nur 54 Jahren.

Aus mindestens zwei Gründen war der Abstieg von Wacker unvermeidlich. Zum einen schafften sie es nicht, in den vier Begegnungen gegen die unmittelbare Konkurrenz vom BFC Preussen und RW Prenzlau auch nur ein einziges Törchen zu erzielen (0:1, 0:2, 0:0, 0:3). Zum anderen gab es in der gesamten Saison nicht ein einziges sogenanntes Jokertor. Alle Auswechslungen verpufften wirkungslos.

In Eberswalde setzte es dann eine 2:4 Niederlage vor knapp 300 Besuchern. Sportreporter Werner Hauff ging dennoch recht ungnädig mit dem Sieger um. Bei dem habe es nicht einen wirklich guten Spieler gegeben, bei Wacker hingegen deren drei (Bethke, Dietrich, Schulz). Klaus Basikow ließ mich im Anschluss an die Spielzeit wissen, dass es gerade die jungen 18-jährigen Hüpfer wie Bethke und Schulz gewesen waren, die ihm am besten in jenen Monaten gefallen hätten. Zu Beginn des Spiels hatten übrigens Kalinowski, Görsdorf und Giese aussichtsreiche Chancen, sodass die 1:0 Halbzeitführung der Wurststädter eher schmeichelhaft war. Doch dann stand es nach einer Stunde bereits 3:0. Frank Dietrich verkürzte zwar noch auf 2:3 (73./76.), doch in die Schlussoffensive der Veilchen platzte ein lupenreiner Konter herein, den Theiß vollendete. „Daß wir dieses Treffen (sic!) überhaupt gewinnen konnten, ist aus meiner Sicht überraschend. Die Berliner spielten ausgezeichnet, nutzten die Freiräume, die wir ihnen gaben. Im Auswerten der Chancen war der BFC (sic!), Dietrich einmal ausgenommen, allerdings nicht bissig genug", kommentierte Motor-Coach Gerd Schuth zutreffend, während Klaus Basikow vor allem auf die intakte Moral der Wacker-Truppe zu sprechen kam. „Unsere Moral stimmte, sonst hätten wir einen 0:3 Rückstand nicht so ohne weiteres weggesteckt. Motor war zu schlagen, aber da muß man eben kaltblütiger zur Sache gehen. Das fehlte unseren Aktionen vor allem in der 1. Halbzeit." Da Wacker 04 bereits in der Woche zuvor beide Punkt abgegeben hatte (1:3 gegen Greifswald), schrillten nun die Alarmglocken.

Zur Woche der Wahrheit kam es dann in der ersten Aprilwoche. Am 5. April hatten wir Hafen Rostock zu Gast und nur drei Tage später unseren Südberliner Rivalen vom BFC Preussen. Rostock einfach wieder besiegen und Preussen nach der Schmach vom Hinspiel nassmachen, dann, so unsere Hoffnung, sollte alles noch gut werden. Pustekuchen! Am 5. April reichte es nur zu einem Unentschieden. 1:1 gegen Hafen Rostock. Unser Tor erzielte natürlich Dietrich. Das Ausgleichstor der Gäste fiel passenderweise kurz vor Spielende, und zwar genau in der 82. Minute. Die späten Gegentore waren überhaupt das Manko dieser Saison. Frank Dietrich wurde zwar mit ansehnlichen 20 Toren drittbester Schütze der Oberliga Nordost, und Giese traf immerhin sechsmal, aber dahinter, auch aus der sogenannten zweiten Reihe, kam insgesamt viel zu wenig. Bethke, der kopfballstarke Defensivmann, kam auf drei Tore, Gympel auf zwei, während Schwarz, Vogel und Görsdorf nur je einmal einnetzten. Und die anderen Angreifer? Mirko Richter und Frank Kalinowski kamen auf je ein mickriges Tor.

Drei Tage später ging es im Abendspiel gegen den BFC Preussen. Da hatte jeder Wackeraner schon vor dem Anpfiff Magengrummeln. Verdammt, die lagen uns partout nicht. 0:0 zur Halbzeit. Dann ging es Schlag auf Schlag. Dietrich scheiterte Mitte der 2. Halbzeit an Preussen Keeper Köppe. Marco Vogel traf die Latte (70.), während Axel Wobeser, der noch heute mit vielen Ex-Wacker Spielern befreundet ist, in der 77. Minute mit einem 16 Meter Distanzschuss Wacker den frühzeitigen Garaus verpasste. Zu diesem Zeitpunkt spielte Wacker allerdings bereits in Unterzahl. Reißner sah in der 72. Minute die Rote Karte nach einem Ellbogencheck gegen Füting, während Schulz in der 74. Minute nach einem heftigen Foul für zehn Minuten das Spielfeld verlassen musste. In der 83. ging Czerwionka denselben Weg. Kurz und schlecht, die Mannschaft hatte sich mal wieder selbst besiegt. Die Preussen waren zweifelsfrei das bessere Team und erzielten sogar noch das verdiente 2:0 (85.), aber was wäre passiert, wenn die Wacker-Spieler vollzählig das Spiel beendet hätten? Wenn, wenn, wenn... Das Fazit: An einem Mittwochabend in Eisenhüttenstadt wurde der Abstieg mit einem 1:3 perfekt gemacht.

Zum Osterfest – ich läute das Finale ein – kamen die Grenzstädter aus Frankfurt/Oder an den Wackerweg und legten uns auch noch ihre Eier ins Nest. Trotz Sturmböen vergaßen die Wackeraner, den Ball schön flach zu halten. Und auch die bei diesem Wetter vielversprechenden Fernschüsse waren wieder einmal Mangelware. Wir sahen die Frankfurter durch den kleinen Eingang am Wackerplatz ankommen. Dass zwei fehlten, sahen wir natürlich nicht. Ihr etatmäßiges Sturmduo Thieme und der spätere Bundesligakicker Rietpietsch, die auf Grund einer Autopanne (Trabi goes to Wackerweg?) erst später eintrafen, fehlte. Man muss sich das vorstellen: Da gab sich deutsche Sportgeschichte die Ehre. Unser Jubel war natürlich grenzenlos, als Frank Dietrich in der 85. Minute den 2:2 Ausgleich besorgte. Trotzdem und dennoch, insgeheim wussten alle, das würde letztlich nicht reichen.

Mit einem 3:1 bei Blau-Weiß Parchim berappelte sich Wacker noch einmal. Eingeleitet wurde der klare, aber leider zu späte, Erfolg durch ein Traumtor von Alex Kuffler, der laut Fußball-Woche Erstaunliches zuwege brachte: „Kuffler tritt unvermittelt vor dem gegnerischen Strafraum zum Dribbling an, läßt drei Parchimer stehen und schießt mit dem linken Fuß unhaltbar in die obere rechte Ecke ein." Das 2:0 erzielte Kalinowski, der in der 80. Minute wegen wiederholten Foulspiels zehn Minuten runter musste, wodurch Parchim auf 1:2 herankam. Aber Dietrich erzielte im Gegenzug den Siegtreffer.

Das letzte Spiel, man trennte sich schiedlich, friedlich mit 2:2, ging gegen den PCK Schwedt, und es sollte ein stimmungsvoller Abschied werden. Wir Fans hatten uns Gedanken gemacht, wie wir dem Verein und dem Team trotz des Abstiegs unsere Anerkennung bezeugen konnten. Schnieke Klamotten kontrastierten mit Karnevalshüten auf der Glimse. Zugegen waren übrigens 61 Zahlende.

Doch unsere gute Laune ließen wir uns in unserer kleinen heilen Welt nicht vermiesen. Wir hissten mit fünf Mann exakt so viele Plakate und Flaggen! „It's Time SC Wacker 04". Eine Deutschland-Fahne mit der Aufschrift „Berlin Louts" (Berliner Rüpel). Eine England-Fahne mit dem VfL Bochum Vereinswappen. Ein weiteres in der heimischen Garage gespraytes Plakat „Wacker UIltras grüßen die Mad Crew Bremen". Und schließlich ehrlichen Herzens die Message: „Trotz Abstieg. Danke Jungs! Wir kommen wieder".

Nach dem Schlusspfiff kam es dann noch zu einer das Herz erwärmenden Szene. Nachdem Schiedsrichter Feibig aus Osterburg Wackers allerletztes Drittligaspiel abgepfiffen hatte, schlichen die erschöpften Spieler sofort in Richtung Kabine. Doch dann klatschte

Kapitän Fränki Misch plötzlich vernehmlich in die Hände. „Kommt, Männer!", rief er seinen Mitspielern zu.

Und jetzt kommt's. Komplett unerwartet für uns Gaukler-Fans rannten die elf Wackerspieler zu uns quer über den ganzen Platz zum Zaun! Sie klatschten uns ab und bedankten sich noch einmal für unseren Support. Auch das anschließende Grillen ganz für Umsonst bei strahlendem Frühsommerwetter ist und bleibt unvergessen! Wir saßen auf Bierbänken hinter einer der beiden Stehplatztraversen. Links neben mir der trotz allem irgendwie zufrieden wirkende Klaus Basikow, mir gegenüber mein Bruder Rainer, der plötzlich laut sagte: „Das ist schon merkwürdig. Der Verein steigt ab, und der Trainer darf trotzdem weitermachen..." Alles lachte, und auch Basikow lächelte gütig.

Wackers Abschiedsspiel aus der Oberliga Nordost bestritt folgendes Team: Bohne, Misch, Czerwionka, Kalff, Vogel (ab Minute 78 Reißner), Giese, Bethke, Kuffler (83. Schienagel), Schulz, Kalinowski, Dietrich.

Exkurs: Brief eines Fans (Im Magazin Tip, März 1992)

Wenige Wochen vor Saisonschluss gelang es mir, einen Artikel in der alternativen Programm- und Szenezeitschrift TIP zu platzieren. 200 DM bekam ich dafür, ein Wahnsinnsgefühl für mich Jungschreiber. Der ganzseitige Artikel erschien in Ausgabe 8/92, also etwa Anfang März. Bis auf zwei korrigierte Jahreszahlen habe ich ihn komplett an dieser Stelle übernommen. (Anschließend werde ich den Artikel noch ganz kurz kommentieren.)

„Auch jenseits von Hertha BSC und dem FC Blau-Weiß findet in Berlin Fußball statt. Wie schwer es die meisten der 228 Berliner Clubs haben, berichtet ein besorgter Fan am Beispiel des Traditionsvereins Wacker 04.

So mancher Berliner „Oldie" wird sich noch gut an das „Veilchen des Nordens", die Fußballmannschaft mit der lila-weißen Fahne, erinnern. Damals, als Wacker 04, der Arbeiterclub, noch eine Macht im Berliner Fußball war, und 15.000 Besucher bei Berliner Derbys keine Seltenheit waren. Zweimal wurde der Verein Berliner Meister, und

1972 errang man den letzten von insgesamt drei Berliner Pokalsiegen.
1974 – 1977 und 1979 spielte Wacker 04 gar in der zweiten Bundesliga
und servierte unter anderem Borussia Dortmund und Arminia Bie-
lefeld ab. Wacker lebte!

Danach aber versackten die Reinickendorfer ganze sechs Jahre in
der Landesliga, aus der sie allerdings 1987 emporstiegen und von da
an ein gewichtiges Wort im Berliner Amateurfußball mitredeten. Da
wurde die damals in die Oberliga abgestiegene Skandaldame Hertha
BSC vor 4.000 Zuschauern mit 2:1 bezwungen und der Abendhimmel
färbte sich für so Manchen über dem Eichborndamm wieder lila-weiß.
Doch als der Hauptsponsor in Konkurs ging, gingen auch die Topspieler,
und man konnte die These, daß Amateurkicker Idealisten seien, vorerst
begraben. Dirk Greiser spielt heute für Wattenscheid 09, Mario Brandt
schnürt „für ein paar Mark" die Schuhe für den Spandauer SV und
„Sturmtank" Christian Müller „schenkt" dem sympathischen Lichterfel-
der VfB seine Dienste. Die Kicker dort trainiert übrigens Trainer Bernd
„Huzi" Erdmann, ein kleiner Mann mit großer Ausstrahlung, der einst
Wacker nach oben brachte.

Andere ehemalige Spieler wie Bernd Henklein, Lars Knobel, Mar-
kus Oster oder Josef Buckmaier spielen, wenn überhaupt noch, eher
untergeordnete Rollen. Dennoch gibt es beim SC Wacker eine unglaub-
liche Treue! Im Geschäftszimmer sitzt noch immer Fritz Herz, und
dies seit dreißig Jahren. Auch der Trainer ist kein Unbekannter. Klaus
Basikow (54), ehemaliger Nationaltorwart der Amateure, trainierte
Wacker schon zu Zweitligazeiten und kehrte dann wieder zu „seiner
alten Liebe" zurück, als dem Club mal wieder das Wasser bis zum
Hals stand. Heinz „Pipo" Fenselau (65), Spielausschuss-Obmann, muß
wohl erst Unterlagen bemühen, um herauszufinden, wie lange er schon
Wackeraner ist. Auch Defensivmann Dirk Hofmann (27) ist ein wei-
teres Beispiel dafür, daß Wacker nach wie vor nicht irgendein Club ist.
Seit der F-Jugend ist er dabei, zwanzig lila-weiße Jahre in Folge, was
heute fast wie ein Märchen klingt. Vielleicht, weil inzwischen nichts
mehr „abzusahnen" ist, herrscht eine besonders gute Kameradschaft.
Aber auch die Zuschauer kommen auf ihre Kosten, denn Akteure wie
Torwart Thaddäus Bohne, Marco Vogel, Stefan Gympel oder Frank
Kalinowski bieten spielerische Elemente, die sehenswert sind.

Aber die neugeschaffene Oberliga Nordost, der die gute alte Ober-
liga Berlin weichen mußte, hat für die finanziell schwachen Vereine

eher mehr Probleme als – wie erhofft – mehr Zuschauer gebracht. Die Spieler „dürfen" jetzt ihren arbeitsfreien Sonntag im Reisebus verbringen, um zum Beispiel nach Greifswald oder Rostock zu gelangen. Aber auch den Club trifft es nicht minder hart, muß er doch nicht unbeträchtliche Honorare für Schieds- und Linienrichter bezahlen, die immer häufiger vom Verband aus dem Osten bestellt werden. Dazu kommen natürlich die Fahrkosten, was für einen Verein wie Wacker auch nicht einfach zu stemmen ist, der im Schnitt nur knapp 100 Zuschauer anlockt. Wacker nur noch eine „Thekenmannschaft" und kurz vor dem Exitus?

Ex-Profi Frank Dietrich erhöhte jedenfalls mit seinen bisherigen 13 Saisontreffern die Chance auf den Klassenerhalt in einer Staffel, in der auch der FC Berlin (ehemals BFC Dynamo) mit Erfolg mitwirkt. Dietrich durchläuft bei Wacker bereits seinen dreizehnten Verein, aber es scheint, daß der Wandervogel seßhaft wird. Immerhin trägt der Torjäger mit seiner locker-flapsigen Art viel zur Atmosphäre in dem Verein bei. Die macht denn auch neben dem Spiel den Reiz beim Zuschauen aus. Fouls, die man hautnah mitbekommt, Rufe des Trainers, der Geruch des frischen Grüns, krachende Pfostenschüsse, der Duft gegrillter Würstchen und die Unterhaltung mit den Spielern nach dem Abpfiff bei einer Molle sind Dinge, die nicht zu verachten sind. Wahrscheinlich ist das volkstümliche Dorfgebolze nicht einmal schlechter als das Gekicke von Hertha oder Blau-Weiß in den großen Stadien, in denen Nähe zu den Spielern nur mit dem Feldstecher herzustellen ist, und die es auch nicht mehr so recht packen."

Eigentlich wollte ich diesem nun dreißigjährigen Artikel nur ganz wenige Zeilen hinzufügen. Er spricht ja für sich und ist auch noch aus heutiger Sicht mit Fakten untermauert. Dennoch, einige Anmerkungen: Als der Bericht verfasst wurde, war ich gerade vom Fan zum Vereinsoffiziellen aufgestiegen. Die Pressearbeit und die Werbung lagen fortan in meinen Händen. Daraus erklärt sich die Parteilichkeit meiner Sicht auf die damaligen Dinge.

Zunächst einmal sind die Behauptungen, dass es damals bei Wacker nichts mehr abzusahnen gab, und dass der Angreifer Frank Dietrich sesshaft wurde, nichts weiter als Wunschdenken gewesen. Denn das war immer die entscheidende Baustelle des Amateurfußballs: Sogenannten Amateuren, die doch finanziell auch auf ihre Kosten kommen wollten, standen die pekuniär nicht gerade auf Rosen gebetteten Vereine gegenüber. Wollten diese aber als Vereine ihren Fortbestand sichern, mussten sie bis an die Schmerzgrenze und oftmals darüber hinaus in treffsichere Spieler investieren. Frank Dietrich, der Ex Herthaner mit 20 Treffern in einer Spielzeit, war eben nicht für Umsonst zu engagieren. Genauso wenig wie der Edelamateur Mario Brandt. Die Autoren Bernd Fischer und Rainer Nachtigall nahmen sich in ihrem ziemlich polemischen Buch *Fußball in Berlin. Skandal ohne Ende* auch die Amateurspieler des Jahres 1992 zur Brust. „Die jahrzehntelange Inzucht einer Inselstadt verhunzte den Amateurfußball bis zum Geht-nicht-mehr. Kein frischer Wind sorgte für die erforderliche Hygiene in der Szene, Spieler konnten Sponsoren ausnehmen wie Weihnachtsgänse (…) ‚Fußball-Nutten‘ nennt der langjährige Verbands- und Oberliga-Trainer Adolf Remy diese Typen, die von Klub zu Klub ziehen, Handgelder bis zu 40.000 Mark kassieren und mit Beginn der Rückrunde schon den nächsten Dummen suchen (…) Ob das nun abgebrochene Ex-Profis sind, etwa Manfred Hellmann oder Oberliga-Zugvögel wie die Brandt-Brüder Mario und Helge (…) Die Namensauswahl dieser Abkocher-Elite ist rein zufällig (…) Gegen das Geldverdienen an sich wäre ja nichts zu sagen, wenn dafür wenigstens die Leistung stimmen würde. Doch dann fügen sich diese Spieler zu Mannschaften wie etwa Tennis Borussia zusammen. Dieses Team verkörpert eine Gehaltsrolle von über einer Million Mark und startete 1991 mit sage-und-glaube-es-nicht 0:14 Punkten in die Zweitliga-Aufstiegsrunde.“

Jeder weitere Kommentar erübrigt sich. Doch etwas anderes soll nun aufs Tapet, da ich schon beim Thema Geldverdienen im Berliner Amateurfußball bin.

Die Finanzierung eines Vereinsetats am Beispiel von Wacker 04 (vorwiegend 1988 – 1994)

Fritz Herz würde auf seiner Wolke im Himmel sicher nur milde lächeln, wenn er sehen könnte, wie einfach es heutzutage ist, einen Verein der 2. oder 3. Liga finanziell solide aufzustellen. Von mangelndem Zuschauerinteresse und ausbleibenden Sponsoren keine Spur! Blickt man in Deutschland auf die 80er Jahre, ist es, als ob diese Zeit Jahrhunderte zurückläge. Wacker 04 ging in seine letzte Zweitligaspielzeit mit 750.000 Mark Schulden. Der Verein konnte sich nur noch einen Saisonetat von 300.000 DM leisten, mit dem die Semiprofis bei der Stange gehalten werden mussten. Ich spreche über eine Zeit, in der selbst ein Bundesliga-Eliteverein wie Bayern München (3,5 Millionen DM 1979) mächtig in der Kreide stand. Fritz Herz konstatiert noch 2006: „Heutzutage einen Fußballverein zu führen ist ungleich schwieriger als früher. Früher hattest du die Einnahmen von den Zuschauern. Das war deine Haupteinnahmequelle. Da musstest du sehen, dass du einen Etat aufstellst, dass du mit diesen Einnahmen die Spieler bezahlst und den Trainer dazu."

Herz hat damit freilich bloß einen Teil der Wahrheit auf den Punkt gebracht. Denn die Zuschauerzahlen machen deutlich, dass Wackers ständiger 300.000 DM-Etat oft allein schon durch die diesbezüglichen Einnahmen abgedeckt war. 1974/75 kamen auf 19 Heimspiele im Schnitt 1.511 Zahlende. Der Eintrittspreis lag zwischen 7 und 15 DM. Gehen wir davon aus, dass die meisten Zuschauer Erwachsene waren, dann wurden durchschnittlich 10 Mark pro Anwesendem eingenommen. In der Summe macht das 287.090 DM. In der nächsten Spielzeit, in der etwa die Hälfte der Heimbegegnungen im ungeliebten Poststadion, die anderen Spiele aber am Wackerweg ausgetragen wurden (bei weiterhin 7 – 15 DM an Eintritt), kamen durchschnittlich 1.827 Besucher. Das ergab nach Adam Riese also bereits eine Gesamteinnahme von 347.130 DM!

Zugegebenermaßen waren in der Spielzeit danach (1976/77) die Besucherzahlen stark rückläufig. Nur noch 881 Zahlende pro Heimspiel fanden den Weg ins Stadion. Das ergibt in der Summe ca. 133.912 DM. 1978/79, als das Kind schon in den Brunnen gefallen war, wurden also etwa 204.345 DM eingenommen.

Doch widmen wir uns noch einmal der ersten Zwei-Ligaspielzeit von Wacker 04 in der Saison 1974/75. Zu dieser Zeit belief sich der spätere Etat nicht auf 300.000 DM, sondern muss wesentlich höher angesetzt werden. Damals ging man bei Wacker 04 davon aus, dass um und bei 5.500 Zahlende die Kassen füllen würden, wie es Kicker-Schreiber Werner Schilling als Resümee der Zweitliga-Premierensaison angedeutet hat. Erhofft oder eher konkret kalkuliert, das lässt sich heute nicht mehr mit Bestimmtheit sagen. Dennoch: Als Wacker erstmals in der 2. Liga Nord agierte, waren Hertha BSC und

Tennis Borussia in der ersten Bundesliga vertreten! Warum Fritz Herz in diesem Moment – vermutlich euphorisiert durch die neue Liga-Zugehörigkeit – derart hoch pokerte, ist mir schleierhaft. Erreicht wurden jedenfalls im Schnitt 1.500 Zahlende. Fakt ist jedenfalls, dass die Spieler vor der Saison ihr Handgeld kassierten, so dass bereits zu Saisonbeginn ein gehöriges Loch in der Vereinskasse vorhanden gewesen sein dürfte. Nach den ersten fünf Heimspielen (inkl. Pokal gegen Mainz 05) waren „nur" 2112 Menschen im Schnitt erschienen (Quelle: Lutz Rosenzweig, *Fußball in Berlin*). Rosenzweigs Bemerkung, „zum Leben nicht genug, zum Verhungern zu viel", klang vor diesem Hintergrund logisch und tragisch zugleich. Bei unterstellten 5.500 Zahlenden pro Heimspiel hätten ja die Gesamteinnahmen bei rund 1 Million DM liegen müssen, was wirklich unrealistisch war für einen kleinen Zweitligisten im Jahr 1974.

Die zweite Einnahmequelle waren die Sponsoren mit ihrer obligatorischen Bandenwerbung. Legt man einen geschätzten Betrag von 7.000 DM pro Werbebande pro Jahr zugrunde, dann wären dies ja auch noch einmal mindestens 50.000 bis 100.000 DM. Beim Heimspiel gegen Arminia Bielefeld im November 1975 kann man anhand der TV-Bilder die Bandenwerbung ganz genau überblicken. Es sind insgesamt zehn große Banden (zweimal die Sparkasse, Opel Schüler, VW Staamann, Afri Cola, Borsig, Caterpiller Peg, Bluna, Wüstefeld und ein Geldversand). Dazu kamen noch das TV-Geld, Einnahmen aus der Lotterie „Toto", die Werbung im Stadionmagazin, Mitgliedsbeiträge, Geld durch den Förderverein, die Casino-Verpachtung etc.

Nimmt man die Lage bei heutigen Zweit- und Drittligisten in Deutschland zum Maßstab, hatten es die Wackeraner damals natürlich vergleichsweise schwer. Aber wie auch immer: Solide und seriös wurde am Wackerweg nicht gerade gewirtschaftet. Gut, auch die heutigen Einnahmen sind nicht im luftleeren Raum entstanden. Alles bedurfte zäher Vorarbeit, Augenmaß und Kompetenz waren und sind gefragt, so dass ein Zweitligist in der Gegenwart im Schnitt entschieden besser dasteht. Man nehme nur einmal den „kleinen" SSV Jahn Regensburg, der 2021 in seine fünfte Zweitligasaison gehen konnte. Der Verein hat sehr gut gewirtschaftet und 2021 sogar einen Gewinn in Höhe von 5,4 Millionen Euro gemacht. Bei einem Jahresumsatz von unglaublichen 24,5 Millionen Euro! Wenn heute jemand einen Zweitligisten managt, dann hat der Verein über den Daumen gepeilt 200 Sponsoren, im Schnitt 14.000 Zuschauer plus zirka sieben Millionen Euro TV-Geld als „kleine" Zugabe. Selige Zeiten! Bei Wacker 04 lag der Etat 1987, zum Zeitpunkt des Wiederaufstiegs in die Oberliga Berlin, bei 250.000 DM. Präsident Schultz sprach schon wieder, euphorisch gestimmt, von einer möglichen „Rückkehr in den bezahlten Fußball". Der Etat war durch Bandenwerbung, Sponsoren und den Wirtschaftsrat gedeckt, „dem neben Schatzmeister Schrader auch der Ex-TeBe Präsident Norbert Eckert und der wieder voll eingestiegene Theo Bergmann angehören", wie der Fußball-Woche zu entnehmen war. Von künftigen Zuschauereinnahmen war da gar keine Rede. Weshalb auch.

Nach vier Jahren in der scheinbar liebgewonnenen Oberliga Berlin, kam nach der Wende im Sommer 1991 die Oberliga Nordost auf Wacker 04 zu. Die Zahlen blieben auf der Ausgabenseite zwar relativ konstant, auch wenn die Rahmenbedingungen andere geworden waren. 200.000 DM hatte Herz zuvor ohne Berücksichtigung der Neuverpflichtungen veranschlagt. Einen neuen Anteil machten die gestiegenen Reise- und Schiedsrichterkosten aus, für die in der Oberliga Berlin nur 200 DM monatlich (!) benötigt worden waren. Nun stieg dieser Posten auf satte 30.000 DM an. Rudi Rosenzweig berichtete vor dem Start in die Saison in der Fußball-Woche, dass „die Entschuldung aus der Starthilfe des Senats für die 2. Bundesliga in Höhe von 200.000 DM wieder in Gang gekommen" sei.

Als für Wacker 04 das durch Fritz Herz verkündete endgültige Aus Realität wurde, lautete sein Resümee: „Die 2. Liga seinerzeit hatte den Verein doch sehr, sehr reingerissen. Wir hatten kurzzeitig eine hohe sechsstellige Schuldensumme. Die wurde nachher reduziert durch das Entgegenkommen von Seiten des Senats und des Finanzamts, so dass wir noch eine Restschuld von 40.000 DM hatten." Er teilte weiterhin mit, dass diese vergleichsweise geringe Schuld in kleinen Raten (innerhalb von zehn Jahre 400 DM monatlich) zu begleichen war. Aber auch in diesem Fall war Herz zum Teil falsch gewickelt. Erstens war Fritz Herz ein gewiefter Versicherungskaufmann und sozusagen nicht ganz unbeteiligt am ,Hineingerissensein' in die Verbindlichkeiten. Und was fast noch schwerer wog: Die Schulden beim Senat und dem Finanzamt waren nur die eine Seite der hässlichen Medaille. Die andere Seite waren ehemalige Spieler und Trainer, die auch noch auf ihr Gehalt warteten.

Im Jahr 1980 zeigte sich Kapitän Michael Müller einsichtig: „Wir Spieler stellten zu hohe Forderungen, die wir dann Stück für Stück zurück drehten, aber der Verein nicht mehr erfüllen konnte." Und im Jahr 1979, vor dem 75. Vereinsjubiläum hatte Fritz Herz in der „Fußball Woche" erstmals auch eigene Fehler eingeräumt: „Die Einnahmen der Aufstiegsrunde und die vom Senat gewährte Starthilfe, von 300.000 Mark, aber hatten zur Folge, daß die Spieler ihre Forderungen hochschraubten. Wir gaben mehr aus, als wir dann schließlich einnahmen. Aber damals befand sich alles in Euphorie über die endlich eingeführte zweite Liga. Hätten wir die Lizenz abgelehnt, man hätte uns mit Schimpf und Schande aus Reinickendorf verjagt." Ein typischer Fritz: Von Lizenz ablehnen war ja nie die Rede…

Weiter mit der Oberliga Nordost 1991/92

Wolfhard Kupfer, der berühmte DDR-Sportreporter, der von 1959 bis 1970 Leiter der Sportredaktion von Radio DDR gewesen war, entdeckte im Mai 1992 Wacker 04 für sich, als er für den Privat-Sportkanal TLV Berlin berichtete. Kupfer besuchte das Spiel Wacker 04 gegen den Spandauer SV (1:1) und übermittelte Livebilder vom Spiel. Kurz darauf wurden die Kicker Frank Misch, Marco Vogel, Mike Schienagel und meine Wenigkeit in das in der Weddinger Thorstraße gelegene Studio eingeladen, um den eigentlich vermeidbaren Abstieg noch einmal Revue passieren zu lassen.

Auf dem Sofa des Senders nahmen Misch, Vogel und ich Platz; Schienagel setzte sich auf einen bereitgestellten Stuhl. Als die Kamera lief, machte er Faxen, sodass Marco sich ein Lachen nicht verkneifen konnte. Im Stadionheft zu Beginn der Saison 92/93 ist dieses Interview abgedruckt worden, von dem ich hier eine gekürzte Version zu Protokoll gebe.

Kupfer: Ja in freudige Gesichter blickt man nicht, wenn man Gäste einer gerade abgestiegenen Mannschaft hat. Wie ist denn die offizielle Meinung im Club?

Franz: Es ist natürlich ärgerlich, wenn man das ganze Jahr daraufhin arbeitet, drin zu bleiben. Wir hatten eigentlich damit gerechnet oben zu bleiben. Auf der anderen Seite hat die Saison den Verein finanziell stark belastet. Der Abstieg ist also insgesamt gemischt aufgenommen worden. Wir hatten zwei entscheidende Heimspiele binnen einer Woche, die wir beide gewinnen mussten, und heraus kamen 1:3 Punkte (gemeint waren das 1:1 gegen Hafen Rostock am 5.April, und das 0:2 gegen den BFC Preussen am 8.April, Anmerkung des Verfassers). Daraufhin war jedem klar, dass wir es nicht mehr packen, obwohl die Zeit noch dagewesen wäre. Auswärts haben wir in der Hinrunde katastrophal gespielt, und in der Rückrunde erst recht.

Kupfer: Was sagen die Spieler, Frank Misch? Woran lag es, dass es trotz Torwart Bohne nicht gereicht hat?

Misch: Wir können nur auf Amateurbasis trainieren, sind, wie Markus schon sagte, Feierabendfußballer, und was wir an Geld bekommen, wiegt die ganze Sache nicht auf. Man muss ganz einfach sehen, dass wir gegen Profis gespielt haben. Absteigen tun wir aber auch mit einem lachenden Auge, weil wir eben mal die Erfahrung auskosten durften.

Kupfer: Marco, nach Greifswald und Rostock zu fahren, ist etwas anderes als nach Zehlendorf. Hat es Ihnen trotzdem etwas gegeben?

Vogel: Man konnte sich im Grunde genommen als halber Profi fühlen, weil man eben diese Busreisen hatte. Der Zusammenhalt war ab und an schon durch die vielen Niederlagen in Frage gestellt. So verloren wir in Greifswald mit 5:2, und dann sitzt man drei Stunden im Bus…

Kupfer: Gegen die Berliner Mannschaften haben Sie aber von 28 möglichen Punkten nur sechs geholt, das widerspricht doch eigentlich dem, was sie vorhin sagten?!

Misch: Schon richtig. Im Berliner Kreis ist immer mehr Brisanz drin, mehr Feuer. Da lässt man sich nicht die Butter vom Brot nehmen, das stachelt einen schon an, weil man auf demselben Niveau arbeitet.

Ein Bonmot zum Abschluss: Eines Tages teilte mir Fritz Herz fast beiläufig im Geschäftszimmer mit, dass der NOFV bei uns angerufen habe, um zu fragen, ob „wir weiterhin in der Oberliga Nordost spielen wollen". Stahl Hennigsdorf habe zurückgezogen, und Wacker 04 könnte nun an deren Stelle weiterhin drittklassig bleiben. Fritz Herz lehnte ‚natürlich' ab, ohne vorher die Vereinsmitglieder oder die

Spieler zu fragen. Wie auch immer, die Sonne über dem Wackerweg war 1992 (nach 1977 zum zweiten Mal) und nun final untergegangen. Zweimal wurde der geschenkte Ligaverbleib dankend abgelehnt.

1992/93: Wieder eine neue Liga. Die Verbandsliga Berlin

Natürlich befanden sich in der obersten Spielklasse der Stadt etliche alte Bekannte. Man denke nur an Rapide Wedding oder den ewigen Angstgegner BFC Preussen. Die überwiegende Anzahl der 16 Vereine kam zwar aus dem Westen. Aber sie hatten in der Vergangenheit mit Wacker 04 nicht unentwegt die Klingen gekreuzt (SC Teutonia 99 Spandau, SC SW Spandau, Wacker 21 Lankwitz oder auch der 1. FC Wilmersdorf). Aus dem Ostteil Berlins kamen nur vier Clubs: Der SV Lichtenberg 47, der gleich neben der Stasi-Zentrale in der Normannenstraße seine Heimat hatte und auch mit dem BFC Dynamo zu Ostzeiten kooperiert hatte, SG Eumako (bedeutet: Europäische Marketing Kooperation (sic)) Weißensee, der BSV Spindlersfeld und der Köpenicker SC. Berlins neue höchste Spielklasse war geboren, und Wacker 04 wieder mittenmang.

„Berlins höchste Spielklasse", das klang richtiggehend elitär. Doch wenn man bedenkt, dass in jener Saison 15 Mannschaften aus Berlin höherklassiger spielten, war diese Etikettierung aus Wacker-Sicht nichts weiter als eine Beschönigung der Tatsache, dass man sich wieder einmal im fußballerischen Niemandsland aufhielt. Viertklassig. Klang das etwa nach Aufbruch?

Zum Saisonbeginn plante ich ein Hinrunden-Wacker-Echo, in dem alle Vereine der Heimspiele vorgestellt werden sollten. In diesem Zusammenhang interviewte ich auch Klaus Basikow. Hier das Interview mit anschließendem Kommentar:

„Wir wollen unter die ersten 6"

Auch bei 35 Grad Celsius behielt er kühlen Kopf – beim Saisonstart-Interview des Wacker Echo. Klar ist aber auch, dass der alte Fuchs noch richtig heiß ist auf die neue Saison, was man auch an jeder seiner Gesten deutlich erkennen kann. Doch lesen Sie selbst, was unser Coach so denkt.

Wen sehen Sie im engsten Favoritenkreis der neu geschaffenen Verbandsliga Berlin, und welche Rolle übernimmt Wacker 04?

Basikow: Wer zum engsten Favoritenkreis gehört, kann ich wirklich schwer sagen, zumal ich die Ostberliner Vereine schlecht beurteilen kann. Gatow wird wohl oben mitmischen, hat sich gut verstärkt. Wilmersdorf wird, vor allem daheim, einiges bewegen. Wir wollen unter die ersten sechs!

Wird der SC Wacker wieder offensiver spielen, als in der abgelaufenen Saison?

Basikow: Das geht immer nur, wie es der Gegner zulässt. Klar wollten wir auch in der letzten Saison offensiver spielen, aber da wurden wir halt zu oft hinten reingedrückt. Ich denke aber schon, dass die Gegner vorsichtig mit uns sein werden, und uns recht defensiv begegnen. Schließlich zählen wir zu den Favoriten der Liga!

Etliche Spieler stehen auf dem Sprung. Wer wird denn den Durchbruch schaffen?

Basikow: Wäre dumm von mir, Namen zu nennen, weil dann vermeintliche Benachteiligungen entstehen könnten. Sagen wir es so: Es könnten einige schaffen, die im letzten Spieljahr nicht zur Stammelf gehörten.

Die Abgänge wiegen schwer. Was können wir von unseren Neuzugängen erwarten?

Basikow: Torwart und Stürmer sind weg, das ist aber auch alles, was ins Gewicht fällt! Vorne haben wir ja noch Micha Giese und Mirko Richter. Frank Kalinowski macht jetzt auch wieder die komplette Vorbereitung mit, und wird hoffentlich wieder zu alter Stärke zurückfinden. Ansonsten hoffe ich auf eine gute Entwicklung von Zoran Resanovic! Zu Tekin und Bergdoumi kann ich noch nicht allzu viel sagen. Michael Eller, der für die Bereiche offensives Mittelfeld und Angriff zuständig ist, wird sich wohl einen Stammplatz sichern.

Wünschen wir Klaus Basikow eine Saison, die Herz und Nieren weniger belastet als die letzte!

Um es vorweg zu nehmen, in fast allen Punkten sollte sich Klaus Basikow leider ziemlich irren. Zwar befanden sich Gatow und vor allem der 1. FC Wilmersdorf in der oberen Tabellenhälfte, aber Wacker musste noch am letzten Spieltag um den Klassenerhalt zittern! Resanovic? Bergdoumi? Tekin? Spielten alle gar keine Rolle, und der Kardinalfehler war, zu glauben, dass die Verluste von Bohne und Dietrich nicht allzu sehr ins Kontor schlagen würden. Hatte er da das berühmte Rauschen im Walde gehört? Die Fußball-Woche schrieb es Wacker in ihrem Saison-Sonderheft gleich ins Stammbuch: „Wacker ist ohne die beiden überragenden Spieler der letzten Saison, Torhüter Thaddäus Bohne und Torschützenkönig Frank Dietrich, ebenfalls schlecht dran." Und geradezu prophetisch warnte Schreiber Sven Goldmann: „Und auch der eine oder andere aus der Oberliga gekommene Verein sollte sich nicht zu sicher sein bei mindestens drei Absteigern am Saisonende." Wacker rettete sich im wirklich allerletzten Moment, genauso wie der FV Wannsee, während es den BFC Preussen abermals erwischte.

Als Stammtorwart lief der erst 19-jährige André Wasicki auf. Die anderen Keeper waren ebenfalls unerfahren, und hatten sich zuvor auch nur im unterklassigen Bereich beweisen können. (Rebafka 21, Paul 19). Wobei Wasicki für sein Alter ein wirklich überdurchschnittlich guter Torhüter war. Den Verein verlassen hatten der Edeltechniker Alex Kuffler, der erfahrene Bernhard Görsdorf und vor allem die Wacker-Legende Dirk Hofmann, der 28 Jahre lang das lilaweiße Jersey trug. Als wir uns – ich in der Funktion als Pressesprecher – auf einem der Rasenplätze an der Scharnweber Straße an einem Sommerabend unter der Woche zum Mannschaftsfoto aufstellten, war die Stimmung dennoch recht optimistisch. Tradition würde schließlich doch die Oberhand behalten. Worin wir uns, wie sich wenig später herausstellte, gründlich getäuscht haben sollten. Der ausgedünnte Kader bestand aus Wittur, Resanovic, Richter, Vogel, Reißner, Bethke, Schienagel, Scardela, Kalinowski, Misch, Selten, Bergdoumi, Paul, Wasicki und Schulz. Es fehlten aber auch einige beim Fotoshooting, nämlich Eller, Rebafka, Kalff, Czerwionka, Schwarz und Wunsch.

Nach einigen Spieltagen trafen Micha Giese, Frank Kalinowski und ich abermals im Bürger-TV zusammen. Ich sprach von unserer besonderen Rolle, und dass wir die Tabellenspitze fest im Blick haben würden. Die lila-weiße Vereinsbrille saß also ganz fest auch auf meiner Nase… Besah man sich die Kader der betuchteren Berliner Oberligisten, machte das alles ohnehin keinen Spaß mehr. Beim SSV etwa kickten nun mit Henklein, Polenski, Kuffler und Frank Dietrich vier Ex-Wackeraner.

Während die Berliner Fußball-Woche noch zu jedem Oberliga-spiel einen rasenden Reporter schickte, war dies in der Verbandsliga in der Regel anders. Der ein Heimspiel austragende Verein hatte direkt nach dem Abpfiff in der Redaktion anzurufen und zu berichten. Was in mein Ressort fiel. Am anderen Ende der Leitung war dann zumeist Bärbel Richter, die auch schon mal gemeinsam mit den Spielern ein Whiskey-Glas leerte, und als Insiderin davor gefeit war, beispielsweise Spielernamen falsch zu schreiben. Es war für mich natürlich keine einfache Aufgabe, kurz nach Abpfiff neben den Aufstellungen auch noch den Spielverlauf möglichst objektiv zu beurteilen. Was nach dem Genuss von drei bis fünf Bieren, die ich spätestens nach Spielschluss intus hatte, extra erschwert war.

Eines Tages, nach einer erneuten Niederlage, wollte ich gerade Am Eichgarten 15 anrufen (dort hatte die Fu-Wo-Redaktion in einer schnieken Villa ihren Sitz), als mich Fritz Herz darum bat, nicht unerwähnt zu lassen, dass „Richter und Schienagel heute völlige Ausfälle" gewesen seien. Ich dachte mir gar nichts dabei. Als Pressesprecher ist man ja auch vor allem Sprachrohr und sogar Teil des Vorstands, und der darf ja wohl seine Spieler kritisieren. Und vielleicht tat es den beiden ja auch mal ganz gut, über ihre jeweilige Leistung nachzudenken.

Doch auch dieser Schuss ging gehörig nach hinten los. Eine Woche später stellte mich Mike Schienagel zur Rede: „Wenn du noch mal schreibst, dass ich schlecht gespielt habe, haue ich dir aufs Maul…" Heute können wir beide darüber lachen, aber damals war das natürlich eine unangenehme Kiste. Aber im Vertrauen: Schienagel war ein Amateur und kein Profi. Und da selbst Profis immer wieder einmal auf dem Platz nicht immer abliefern, sollte man das in ihren Beruf eingespannten Freizeitkickern auch zubilligen. Wer in der Verbandsliga auf der Bank sitzt (die einzige Ausnahme ist Miro Klose, dem man noch mit 18 Jahren nicht zugetraut hatte, in der 5. Liga seinen Mann zu stehen…), gilt kaum als Unterschieds-spieler, der mal eben die Partie drehen kann.

Aber zurück zum Thema. Am 25. März 1992 unterschrieb ich einen Vertrag, in dem geschrieben stand, dass ich berechtigt sei, „Verhandlungen über Werbemaßnahmen zu führen". Der Kern dieses Vertrages war der Satz: „Herr Franz erhält für alle neuen Inserenten im Wacker-Echo, bzw. für die Verlängerung von Verträgen einen

Provisionsanteil von 25%. Das gleiche gilt für die Bandenwerbung auf dem Wacker-Platz.". Der Vertrag lief über ein Jahr.

Während der Spielzeit flatterte eines Tages in unserer Geschäftsstelle eine Einladung herein. Der TV-Sender SAT 1 produzierte damals eine Talkshow mit Ullrich Meyer, in der es in einer Sendung um den Profifußball gehen sollte. Warum man auf einen Viertligisten gekommen war? Keine Ahnung. Wir erhielten jedenfalls rund 20 Tickets. Als Gäste der Show waren unter anderem Martina Voss und Peter Neururer geladen, den ich Jahre später sogar persönlich kennenlernte. Nach dem Training wollten wir per Autokonvoi in den Prenzlauer Berg fahren, um die dortige Kulturbrauerei, in der die Show am späten Abend stattfand, aufzusuchen. Ich trudelte im Wacker-Casino ein, als die Spieler in ihren schicken neuen Trainingsanzügen sich die ersten Drinks bestellten. Selbstredend wollte auch ich nicht zurückstehen. Die Stimmung wurde immer ausgelassener, und ich begann, mir erste Gedanken über den Ausgang des Abends zu machen. Ich wuselte mit meinem lilafarbenen Kaufhaus-Mantel umher und begann, die Spieler daran zu erinnern, dass wir ja noch etwas vorhatten. Keinen interessierten meine Ermahnungen. Stattdessen: „Noch eine Flasche Jim Beam!"

Doch irgendwann ging es tatsächlich los. Zunächst wurde von einem Spieler an den PKW des ungeliebten Gastwirtes gepinkelt. In der Folge stoppte ständig ein Wagen aus der Kolonne, ein Insasse sprang heraus und stieg auf das Autodach. Um Gottes Willen! Wäre die Polizei zufällig aufgetaucht, unsere reservierten Plätze in der TV-Show wären wohl verwaist geblieben. Wir erreichten das Ziel. Mich aber quälte die Frage, was passieren würde, wenn meine Begleiter während der Fernsehshow ihre Faxen fortsetzen würden? Ich saß wie auf Kohlen in dem ohnehin schon heißen Studio. Doch nichts da, die Spieler mitsamt Betreuer und meinem Arbeitskollegen Wolfgang Eger (der kurz darauf leider verstarb) blieben ruhig und diszipliniert.

Am 3. Juni 1992 weilte ich dann erstmals auf einer Jahreshauptversammlung. Die Programmpunkte der Tagesordnung waren:
1. Begrüßung und Feststellung der stimmberechtigten Mitglieder
2. Ehrungen
3. Verlesung des Protokolls der letzten Mitgliederversammlung
4. Berichte des geschäftsführenden Vorstands
5. Bericht des Schatzmeisters

6. Bericht des Verwaltungsrates
7. Genehmigung des Haushaltsplanes
8. Anträge (einzureichen bis zum 19.4.1992)
9.1 Entlastung des Vorstandes für die Zeit
vom 6.5.1988 bis 29.11.1990
9.2 Entlastung des amtierenden Vorstandes
10. Neuwahlen
11. Aktuelle Tagesfragen

Garniert mit dem unvermeidlichen Hinweis am Ende des Schreibens: „Gleichen Sie das Beitragskonto aus, damit Sie am Tage der Versammlung entsprechend den Vereinssatzungen auch stimmberechtigt sind."

Das las sich alles in etwa so spannend wie das Studium eines Telefonbuchs. Wurde ich nun etwa auch zu einem sogenannten Vereinsmeier? War das nicht schwer an eine Sitzung eines Kleingartenvereins angelehnt? Fritz Herz ließ mich an diesem Tag auch offiziell zum Pressesprecher wählen und teilte den anwesenden Mitgliedern mit, dass ich mich künftig um die Werbung des Clubs kümmern würde und darin auch schon „sehr erfolgreich" gewesen sei. Was aber wie ein Bumerang zurückkommen sollte, denn gerade dieser „Erfolg" – eine Vertragsverlängerung mit einem Autohaus – sollte ein Jahr später zum Bruch mit Wacker führen.

Und zwar folgendermaßen: Ich hatte besagtes Autohaus im Frühjahr 1993 zuerst telefonisch mehrfach kontaktiert, um an die Überweisung der Jahresgebühr zu erinnern. Die Sekretärin gab mir am Telefon dafür auch grünes Licht, aber es passierte dann wochenlang nichts mehr. Da ich von einer Gartenbaufirma schon einmal im Zuge einer Bandenwerbung mit einem sogenannten Schüttel-Scheck bedacht worden war (und daraufhin von Klaus Basikows Bank einen entsprechenden Kontoauszug mit dem Hinweis „Konto nicht gedeckt" bekam), wollte ich diesmal nachdrücklicher sein. So verfasste ich einen Brief, der den Inhaber des Autohauses in Rage versetzte.

Nichtsahnend ging ich am Tag einer Gesamtvorstandssitzung pünktlich ins Wacker-Geschäftszimmer, als mich Fritz Herz vor versammeltem Vorstand anfuhr! Was mir einfiele, einem Kunden mit einem derartigen Brief… Ich dachte, ich hätte mich verhört. So war das also. Erfolg gibt Recht. Wird man aber aufs Glatteis geführt und stürzt, dann gibt es noch eine kostenlose Schelte obendrein. Ich reagierte aus dem Bauch heraus: „Was wollen Sie von mir?", fragte ich nur ganz ruhig, verließ das Zimmer und machte mich auf den Heimweg. Ich lasse mich nicht anbrüllen, noch dazu für einen Fehler, der gar nicht meiner war. Anderntags rief ich das Autohaus an und erzählte der netten Sekretärin, dass ich nun nicht mehr bei Wacker 04 sei, da ich einen Anpfiff vom Vereinsboss erhalten hatte. Sie war ganz aufgeregt: „Ach Herr Franz, das tut mir leid. Das ist ja im Grunde meine Schuld. Ich hatte Ihnen ja versprochen, dass wir das Geld überweisen. Ich rede gleich mit meinem Chef." „Nein, lassen Sie es ruhig. Für mich ist das jetzt alles erledigt. Schönen Tag." Fritz Herz aber wies die Kassiererin am Wackerplatz an, mich künftig Eintritt zahlen zu lassen, da ich kein Funktionär mehr sei.

In der Gesamtvorstandssitzung des SC Wacker 04 vom 17. Mai 1993 ging es nur um zwei Punkte. Neben zu vernachlässigenden aktuellen Tagesfragen (zwei) ging es vor allem in Punkt eins um die „Vorbereitung zur außerordentlichen Mitgliedsversammlung am 24. Mai 1993 im Hause des Berliner Fußball-Verbandes (Auflösung des Vereins und Fusion)". Also um die Vorbereitung zur Beisetzung der Lila-Weißen.

Mein Austritt erfolgte bereits anderntags und wurde von Erwin Ottke (dem Großvater des Boxweltmeisters Sven Ottke) am 27. Mai 1993 wie folgt beantwortet: „Lieber Sportkamerad! Zur Kenntnisnahme: Bei einem Vereinsaustritt sind nach den Satzungen des Vereins, § 8, die Beiträge für das gesamte Jahr zu entrichten. Wir bitten Sie daher, um die Austrittsangelegenheit umgehend zu erledigen, den Beitragsrückstand vom 1.7. – 31.12.1993 mit monatlich à 7.50 DM = 45 DM zu begleichen. Überweisung an den SC Wacker 04. Wir wünschen weiterhin alles Gute und verbleiben mit sportlichen Grüßen."

Das Saisonfazit war mal wieder schnell gezogen am Wackerweg. Mehr Treffer erzielt als der Berliner Meister Frohnauer SC (44). Dies jedoch bei insgesamt nur drei Heimsiegen (!) und acht Heimpleiten. Deshalb musste am letzten Spieltag ein klitzekleines Pünktchen zum Klassenverbleib ergattert werden. Michael Giese machte sich warm und wartete auf seine Einwechslung. „Wann wechselt der dich endlich ein?!", rief ich Micha zu. Aber da war er ja der völlig falsche Adressat. Als der Schiri endlich abpfiff, war endgültig klar, dass die

Klasse mit Ach und Krach gehalten worden war. Ein weiteres Jahr Verbandsliga. Sollten wir uns über so etwas noch ernsthaft freuen? Die besten Torschützen der Saison 1992/93 waren Bethke (8), Kalinowski (7) und Christian Wunsch (5). Auswärts gab es immerhin sechs Siege. Bärbel Richter schätzte Wacker 04 schon aus historischen Gründen. Ihre letzten Sätze des Artikels „Gezittert bis zum letzten Spiel" schloss sie im Hinblick auf die nächste Saison 1993/94 wie folgt: „Trainer Klaus Basikow will auf jeden Fall eine schlagkräftige Truppe formen. Diese soll dann mit dem bekannten Team- und Kampfgeist wieder mehr Zuschauer als in der abgelaufenen Saison zum Wackerweg locken."

Ende schlecht, alles schlecht? Keineswegs! Als Wacker 04 sich auflöste, und die Mitglieder sich dem BFC Alemannia 90 anschlossen, sprach Fritz Herz mich wieder an. Ob ich nicht die Stadionansagen übernehmen wolle. Ja doch, ich wollte!

Zur Fusion ist noch einiges anzumerken. Sie war das Ende von Wacker 04, und dabei hatten wir alle einen Kloß im Hals. Fritz Herz hatte schon zuvor Fusionsgedanken gehabt. Damals hatte er Türkspor Berlin in Erwägung gezogen! Herz wollte wohl endlich einen Schlussstrich ziehen. Diese ewigen Altschulden stellten eine Dauerbelastung dar. Eine echte Zukunft ohne neuen finanziellen Background hatte Wacker seiner Ansicht nach ohnehin nicht mehr. Somit konnte er zwei Fliegen mit einer Klappe schlagen, erschlug damit aber die Tradition. Es war ja nicht so, dass Alemannia 90 überhaupt keine Tradition besaß, aber was war das nun? Lila-Gelb die Farben, dazu dieser abenteuerliche Name: BFC Alemannia Wacker (wobei es zuerst noch recht freundlich für uns SG Wacker-Alemannia hieß).

Wir verkauften unseren Körper (den Wacker Platz), der „Freier" übernahm die Finanzen, und fertig war ein Verein, der drei Jahre später fast Berliner Meister wurde. Und 2005 im Berliner Paul-Rusch Pokalfinale stand, in dem ausgerechnet der zuverlässigste Stürmer der Alemannen, Martin Koohgilani, den entscheidenden Strafstoß im Elfmeterschießen verschoss. Sonst hätte mein Wacker tatsächlich den VfL Bochum empfangen. So aber durfte ich Tennis Borussia für Bochums Trainer Marcel Koller auskundschaften. Hätte ich das bei Wacker auch getan? Sicher nicht!

Wie sagte Klaus Basikow mal bei einem Bierchen im Wacker-Casino: „Um das hier alles, den Platz, die Kabinen, darum beneiden uns alle, mit denen ich spreche." Und heute spielen ausgerechnet die Reinickendorfer Füchse dort und nennen das Stadion Fuchsbau. Aber wenigstens verwittert der Platz unter diesen Voraussetzungen nicht.

Interview mit Ingo Reißner. Ein Ostberliner wird Wackeraner

Ingo Reißner kickte rund drei Jahre beim SC Wacker 04. In diesen Jahren erlebte er die Oberliga Berlin, die Oberliga Nordost und die Verbandsliga Berlin. Ich sprach mit ihm über diese Zeit.

Ingo, du kamst ja 1989 zu Wacker. Wer gab dir den Hinweis, und wie lief das dann ab?

Reißner: Ich wollte ja schon vorher aus der DDR abhauen. Mein Kumpel Mario Barczyk wollte mit mir rüber, der ist aber bereits vorher nach Stuttgart. Ich besaß bereits ein Zugticket in die Tschechoslowakei, aber dann ging ja am 9.11. die Mauer auf, und ich verabredete mich mit einem anderen Freund, dem Jan Lowka, und sagte zu ihm, dass wir uns bei Wacker 04 treffen. Jan hatte eine Annonce von Wacker 04 gesehen, ich selbst kannte den Verein gar nicht. Jedenfalls bin ich ins Aufnahmelager in Marienfelde gekommen und von dort zu Wacker zum Training gefahren und wurde sofort genommen.

Bei welchem Verein spieltest du denn vorher?

Reißner: Ich spielte in der A-Bundesliga bei Union und danach ein halbes Jahr beim SC Hohenschönhausen in der DDR-Bezirksliga.

Und dann war ja gleich Klaus Basikow dein neuer Coach. Berichte doch mal über Euer Verhältnis, sein Können usw.

Reißner: Klaus Basikow war ein Mann der „flachen Worte", sage ich jetzt einfach mal. Ich muss ganz ehrlich sagen, dass ich ihn gar nicht so wahrgenommen habe. Der machte halt sein Ding mit dem Vorstand, mit Fritz Herz und so. Dass er Fußballfachmann und Torwart war in Berlin-West war mir gar nicht so ein Begriff. Für mich war er ein Trainer wie jeder andere.

Spieler wie Misch, Vogel oder Giese, die ja zuvor schon bei etlichen Berliner Clubs spielten, sagten mir bereits vor 30 Jahren, dass

157

die Kameradschaft in Berlin bei Wacker die Beste war. Wie erklärst du dir das?

Reißner: Also, am Anfang war es auch für mich schon schwer gewesen. Ich hatte auch sogleich einen Stammplatz, war sehr aggressiv usw. Aber als ich dann fest drin war, erlebte ich die besten Fußballerjahre meines Lebens. Das war eine Kameradschaft, die es nie mehr wieder geben wird. Marco Vogel nahm mich damals aus dem Auffanglager direkt bei sich daheim für drei Wochen auf. Ich habe die Jungs dann auch nachts rüber in die Ostberliner Discos mitgenommen, damit sie mal etwas anderes sehen. Das hat uns zusammengeschweißt, das war echt phantastisch.

Dann kam das Abenteuer Oberliga-Nordost, das lief erst ganz gut. Aber dann wurde es problematisch. Mir schien es so, dass die Sache mit den Auswärtsfahrten und Abendspielen unter der Woche einfach zu stressig wurden. War das körperlich und mental irgendwann zu viel?

Reißner: Wenn du überlegst, wir hatten die ganze Woche Training, also von Dienstag bis Freitag. Sonntag war dann der Spieltag, oft mit wahnsinnigen Auswärtsfahrten, und weil wir so eine geile Kameradschaft hatten, sind wir montags noch alle zusammen in die Sauna gegangen. Wir hatten ja keinen Spieler, der nur vom Fußballspielen gelebt hat. Wir sind alle echt marschiert, das war ganz schön strapaziös. Aber ich will mich nicht beklagen Es war halt damals so, dass du auf mehreren Hochzeiten getanzt hast. Am Ende des Tages fehlte auch oft das Quäntchen Glück. Dann hatten wir ja unseren Sponsor Bittroff (damals Vereinspräsident, Anmerkung des Verfassers), der hatte eine Kiesgrube im Osten. Also da waren schon ein paar Märchengeschichten dabei für uns Spieler. Wir bekamen ja immer unsere Umschläge, das war ein Witz. Wir nannten ihn den Lügner. Während der Verhandlungen mit ihm nannte ich ihn einen Märchenprinzen, da wurden alle rot im Geschäftszimmer…

Das schlimmste Spiel, an das ich mich erinnern kann, war dieses Mittwochabendspiel im April gegen den BFC Preussen; dieses 0:2 nach Zeitstrafen und Rot für Dich wegen eines Ellbogenchecks. Was ist da passiert?

Reißner: Das war so ein echtes Grottenspiel. Die hatten einen Spieler namens Füting, das war so eine Heulsuse gewesen. Da habe ich einmal die Nerven verloren. Aber als wir im nächsten Jahr die

Verbandsliga gehalten haben, machte ich ja das Siegtor auswärts bei den Preussen, mit einem Schuss in den Winkel. *In Sachen Ernährungswissenschaft war das ja nach heutigem Standard eigentlich undenkbar, oder? Also in Sachen Training, Spiel, Alkohol usw. Was die heute alles machen müssen, um ein Spiel zu überstehen...* Reißner: Da hast du komplett recht (lacht). Wenn ich allein an die leckeren Bouletten von Elli denke (Elli war die Gattin des Wacker-Wirtes und der Vereinslegende Kurt Burnitzki, Anmerkung des Verfassers). Das war schon sensationell. Zumal wir auch alle geraucht haben wie die Schlote" (lacht). *Hast du noch eine schöne Anekdote? Wo Du sagen würdest, das passt genau zu Wacker 04?* Reißner: Das Spiel gegen den BFC, der ja damals kurz FC Berlin hieß. Meine Mutter war ein einziges Mal in ihrem Leben bei einem Spiel von mir dabei und zwar an genau jenem Tag. Und nach dem Spiel fragte sie mich, „wie viele Ingos habt ihr denn in der Mannschaft?" Sie hatte ständig meinen Namen gehört (lacht). Da habe ich wieder 1000 Löcher zugerannt. Nach dem Spiel saßen wir zusammen, haben Bourbon getrunken, und ich hatte um Mitternacht immer noch meine Spielklamotten an, das war Wahnsinn. Oder das Spiel in Schwedt. Da standen echt hundert Skins herum. Und als der Ball einmal ins Aus ging, sagte unser Marco Vogel zu denen: „Hey ihr Arbeitslosen, gebt mal den Ball her." Wir wurden danach bespuckt. *Das Geld hatten ja in Berlin immer die anderen Vereine, Füchse, TeBe, SSV usw. Was hätte Fritz Herz denn anders machen können in dieser Zeit? Wie siehst du ihn so?* Reißner: Ich muss sagen, dass ich zu Fritz Herz überhaupt keine Beziehung hatte. Der war für mich so ein falscher Fuffziger. Vorne herum so, und hinten herum anders. Das kannst du auch ruhig so schreiben. Er war immer so Von-oben-herab. Das war keiner, mit dem ich ein Bier getrunken hätte.

Nachgesang

Statistik

Die Ewige Tabelle Regionalliga Berlin (1963 – 1974),
Auszug aus Weltfussball.de
(Hinweis: Die Berechnung der Tabelle erfolgt nach der 3-Punkte-Regel)

1. TeBe Berlin	330	231	50	49	1003:348	655	743
2. Wacker 04 Berlin	330	200	48	82	912:493	419	648
3. SV Tasmania Berlin	267	175	54	38	709:271	438	579
4. Spandauer SV	330	160	64	106	689:590	99	544
5. Hertha Zehlendorf	330	163	56	111	767:583	184	543
6. Blau-Weiß 90 Berlin	330	146	73	111	695:513	182	511
7. Berliner SV 1892	297	88	64	145	419:606	-187	328
8. 1. FC Neukölln	277	88	59	130	471:642	-171	323
9. Rapide Wedding	247	76	53	118	405:543	-138	281
10. Hertha BSC	90	83	4	3	354:61	293	253
11. BFC Südring	173	50	40	83	272:341	-69	190
12. SC Staaken	149	43	33	73	201:288	-87	162

Oberliga Berlin 1990/91

1. Tennis Borussia Berlin	30	19	7	4	68:35	+33	45:15
2. Türkiyemspor Berlin	30	17	10	3	60:27	+33	44:16
3. Hertha Zehlendorf	30	15	8	7	56:21	+35	38:22
4. Spandauer SV	30	14	8	8	54:36	+18	36:24
5. Rein. Füchse (M)	30	13	7	10	48:36	+12	33:27
6. Hertha BSC Amateure	30	11	10	9	47:40	+7	32:28
7. Spandauer BC 06	30	10	11	9	46:44	+2	31:29
8. Blau-Weiß 90 Am.	30	11	9	10	45:48	-3	31:29
9. Wacker 04 Berlin	30	11	7	12	42:55	-13	29:31
10. BFC Preussen	30	9	10	11	52:48	+4	28:32
11. SC Charlottenburg	30	10	7	13	44:50	-6	27:33
12. SC Gatow (N)	30	7	12	11	42:48	-6	26:34
13. VfB Lichterfelde	30	9	6	15	40:53	-13	24:36
14. NSC Marathon 02 (N)	30	6	9	15	33:63	-30	21:39
15. Rapide Wedding	30	5	8	17	19:56	-37	18:42
16. Tasmania Neukölln	30	5	7	18	31:67	-36	17:43

Oberliga Nordost, Staffel Nord 1991/92

1. FC Berlin	34	25	7	2	97:15	+82	57:11
2. Greifswalder SC 1926	34	22	8	4	73:36	+37	52:16
3. Bergmann-Borsig Berlin	34	21	9	4	86:36	+50	51:17
4. Tennis Borussia Berlin	34	20	7	7	75:28	+47	47:21
5. FV Motor Eberswalde	34	16	9	9	54:42	+12	41:27
6. Eisenhüttenstädter FC	34	15	9	10	58:42	+16	39:29
7. Post Neubrandenburg	34	15	8	11	56:42	+14	38:30
8. FSV PCK Schwedt	34	13	12	9	51:40	+11	38:30
9. Spandauer SV	34	15	6	13	59:57	+2	36:32
10. Reinickendorfer Füchse	34	12	11	11	46:47	-1	35:33
11. FC Victoria 91 Frankfurt	34	11	11	12	53:62	-9	33:35
12. Spandauer BC 06	34	12	8	14	52:57	-5	32:36
13. Stahl Hennigsdorf	34	11	4	19	49:72	-23	26:42
14. Rot-Weiß Prenzlau	34	9	7	18	42:66	-24	25:43
15. Wacker 04 Berlin	**34**	**5**	**11**	**18**	**40:76**	**-36**	**21:47**
16. BFC Preussen	34	7	7	20	29:66	-37	21:47
17. Hafen Rostock	34	4	6	24	25:73	-48	14:54
18. Blau-Weiß Parchim	34	2	2	30	27:115	-88	6:62

Verbandsliga Berlin 1992/93

1. Frohnauer SC	30	14	10	6	42:26	+16	38:22
2. 1.FC Wilmersdorf	30	11	16	3	46:37	+9	38:22
3. BSV Spindlersfeld	30	15	6	9	70:44	+26	36:24
4. SC Gatow	30	15	6	9	60:40	+20	36:24
5. SV Tasmania 1973	30	11	13	6	42:32	+10	35:25
6. SC Rapide Wedding	30	13	9	8	41:40	+1	35:25
7. SV Lichtenberg 1947	30	11	9	10	42:46	-4	31:29
8. SC Staaken	30	11	8	11	41:41	0	30:30
9. 1. FC Wacker Lankwitz	30	8	13	9	36:38	-2	29:31
10. Köpenicker SC	30	11	7	12	37:46	-9	29:31
11. FV Wannsee	30	8	11	11	40:40	0	27:33
12. SC Wacker 1904	**30**	**9**	**8**	**13**	**44:49**	**-5**	**26:34**
13. Schwarz-Weiß Spandau	30	7	11	12	39:50	-11	25:35
14. Berliner FC Preussen	30	6	12	12	34:41	-7	24:36
15. FC Eumako Weißensee	30	5	11	14	40:62	-22	21:39
16. SC Teutonia 1899	30	7	6	17	32:54	-22	20:40

Der SC Wacker 04 im Pokal

Ich gehe zunächst auf den Berliner Pokalwettbewerb ein. Als im Jahr 1970 der VBB Präsident Paul Rusch verstarb, reichte der Berliner Fußball-Verband ein Gesuch beim DFB ein, doch bitte den Pokal künftig nach ihm benennen zu dürfen. Diesem Antrag wurde sogleich stattgegeben. Wacker 04 als Pokalmannschaft zu titulieren, wäre dann doch ein wenig zu hoch gegriffen. Immerhin wurde Wacker 04 dreimal Berliner Pokalsieger (1950, 1968 und 1972). Aber da der Verein insgesamt neunmal das Endspiel erreichte, bedeutet das im Umkehrschluss, dass insgesamt sechsmal verloren wurde. (Auch der Nachfolgeverein Alemannia-Wacker unter dem Vorsitzenden und Trainer Klaus Basikow unterlag Tennis Borussia im Elfmeterschießen des Endspiels 2005). Der erste Pokalsieg Wackers wurde 1950 mit einem 2:1 gegen Tennis Borussia errungen. Das Besondere daran war, dass Wacker nicht mit einem ‚regulären' Trainer siegte, sondern dass der gelernte Sportjournalist Karl-Heinz Schulz (Kürzel KHS) die Mannschaft, und zwar als Trainer, kurzfristig übernommen hatte. Seine Fähigkeit zu motivieren, muss, wie man hört, sehr ausgeprägt gewesen sein. Zwei Jahre später unterlag Wacker Blau-Weiß 90 mit 0:2 im Endspiel. Da war der famose Schulz aber leider schon nicht mehr am Leben. Er verstarb 1951 mit nur 39 Jahren nach einer Beinoperation.

1959 verlor Wacker das Endspiel mit 5:2 gegen Hertha BSC und 1963 und 1965 gleich zweimal gegen den anderen Berliner Dauerkontrahenten Tennis Borussia. Beide Endspielniederlagen waren extrem knapp (1:2 und 1965 sogar erst im Wiederholungsspiel (2:3, nachdem das Hinspiel 1:1 ausgegangen war). Doch 1968 war Wacker 04 wieder obenauf. Hertha 03 Zehlendorf wurde am 24. November 1968 mit 4:2 geschlagen. Wacker 04 spielte in folgender Aufstellung: Scholich, Pannewitz, Fraude, Fetkenheuer, Sydow, Kluge, Sobeck, Hey (69. Müller), Lindner, Greif, Kipp. Die Tore: 0:1 Faeder (2.), 1:1 Sobeck (21.), 2:1 Kipp (38.), 3:1 Lindner (59.), 3:2 Kliemann (73.), 4:2 Lindner (78.). Das Spiel sahen im Poststadion immerhin 7.863 Zahlende!

Nach einer Niederlage im 1971er Endspiel gegen Tasmania 1900 (2:4), wurde 1972 von Wacker 04 das Berliner Double gewonnen! Nach der Meisterschaft also auch noch der Paul Rusch-Pokal mit einem deklassierenden 6:0 über Hellas Nordwest, wobei neben Sprenger und Schwarze Horst Lunenburg mit einem lupenreinen Hattrick (drei Tore von der 75. Minute bis zur 90.) zu glänzen vermochte. Das letzte Mal im Berliner Pokalendspiel war Wacker dann 1980, in dem sie vom BFC Preussen mit 6:1 vom Platz geschossen wurden.

Schon vor Beginn des Tschammer- und späteren DFB-Pokals musste auch Wacker 04 aufwändige Reisen im Pokalwettbewerb auf sich nehmen. So spielten sie etwa im Frühherbst 1933 in der zweiten Verbandspokal-Hauptrunde bei Preussen Stettin, wo mit 6:3 gewonnen wurde! Im Jahr 1932 musste noch 42 Stunden pro Woche gearbeitet werden. Wenige Jahre später (1940) waren es dann satte 50 Stunden. Da aber damals die Fünf-Tage-Woche noch nicht in Sicht war, hieß das in jedem Falle, dass die Spieler an ihrem einzigen freien Tag mal eben ins heutige Polen zum Kicken fuhren...

Am 6. Januar 1935, also fast genau zwei Jahre nach ihrer Machtergreifung, kam die NS-Führung unter dem Vorsitz des Reichssportführers Hans von Tschammer und Osten auf die Idee, ähnlich wie in England einen landesweiten Vereinspokalwettbewerb zu starten. Dieses Projekt wurde auch durch den Berliner Kripobeamten und Fußballbund-Führer Felix Linnemann unterstützt. Tschammer spendete sogar den Pokal, der aber eher einem versilberten Nachttopf glich. Organisatorisch taten sich Probleme auf, weil Pokal und die Endrunden zur Deutschen Meisterschaft terminlich kollidierten.

Wacker 04 Tegel debütierte in der Gaugruppe Ostpreußen/Pommern/ Brandenburg/ Schlesien am 16. April 1936 mit einem 1:0 Sieg bei Tasmania 1900 und gewann dann am 3. Mai 1936 mit 2:0 beim Greifswalder SC. Am 17. Mai wurde der MTV Pommerensdorf mit 3:2 niedergerungen, sodass Wacker 04 für die Schlussrunde qualifiziert war. Mit dem späteren Wirt des Wacker Casinos Kurt Burnitzki im Gehäuse wurde Victoria Hamburg mit 5:4 vor 2000 Zahlenden in der 2. Runde besiegt. Zuvor hatten sie bei Altona 93, dem Hamburger Kultverein, bereits mit einem 5:3 Auswärtserfolg reüssiert! In einem Match, in dem der Schiedsrichter kurioserweise auch noch aus Hamburg kam.

Somit war Wacker 04 im Achtelfinale. Wo man sich allerdings mit 1:3 Werder Bremen geschlagen geben musste (auf Werder sollten sie leider noch zwei weitere Male treffen). Die Niederlage bedeutete, dass das Kräftemessen mit Szepan, Kuzorra und Co von Schalke 04 leider nicht mehr stattfand.

In der nächsten Pokalsaison waren dann einige weite Reisen angesagt. Am 2. Mai 1937 wurde deutlich mit 9:2 beim Polizei SV Stettin gesiegt, und nach einem 5:1 gegen Bewag Berlin mussten die Wackeraner nur eine Woche später abermals nach Stettin, wo beim dortigen VfL mit 3:0 gesiegt wurde. Am 22. August 1937 begann die Schlussrunde, und Wacker 04 Tegel besiegte Hindenburg Allenstein vor 3.500 Zahlenden in folgender Besetzung mit 6:0:

Burnitzki, Gallinat, Frey, Laube Thieme, Polten, Merz, Basecki, Raasch, Fischer, Zech. In der zweiten Runde allerdings schieden sie bei BC Hartha mit 2:1 aus, obwohl Wacker durch Raasch in Führung gegangen war.

1938/39 startete Wacker mit einem 2:0 Erfolg beim 1. FC Neukölln, ehe beim SV Sagan nach Verlängerung mit 2:1 gewonnen wurde. Danach gab es einen 3:2 Sieg beim VfB Königsberg (!). Der Saganer SV (die polnische Stadt heißt heute Zagan), der sich bereits 1945 auflöste, befand sich in Niederschlesien. Am 28. August 1938 kam dann das Aus für Wacker 04 im Pokal. Mit 2:1 war man beim Risaer SV unterlegen.

Geschlagene 14 Jahre waren vergangen, als Wacker 04 Berlin erstmals im August 1952 wieder auf der Pokal-Bildfläche erschien. Mit 2:6 wurden sie vor 25.000 Besuchern im Berliner Olympiastadion vom 1. FC Nürnberg abgefertigt. Auch mit diesem Verein sollten sie noch einmal im Pokal, erneut erfolglos, die Klingen kreuzen. Die ersten beiden Tore des Clubs markierte ein gewisser Max Morlock, der knapp zwei Jahre später zur legendären ersten Weltmeisterelf Deutschlands gehörte, und im Endspiel bekanntlich ein eminent wichtiges Tor erzielen sollte. Werner Siebke, der 1950 für die Ablösesumme von 300 Mark vom Frohnauer SC an den Wackerweg zurückgekommen war, und der 300 Mark im Monat als Vertragsspieler bei Wacker verdiente, erinnerte sich an diesen Superspieler: „Sobald er angegriffen wurde, schirmte er den Ball so wirkungsvoll ab, dass man überhaupt nicht herankam. (…) Wir kamen nicht weiter. Aber es war trotzdem ein tolles Spiel. Für mich das Beste überhaupt." Und Max Morlock hat in seiner Biografie festgehalten, dass die Berliner Fans beim Autogrammsammeln die Beharrlichsten überhaupt waren. Für Wacker traf übrigens zweimal Michelbach.

Erst 1968/69 griff Wacker 04 erneut ins Pokalgeschehen ein. Der Cup heißt übrigens seit 1952 DFB-Pokal, nachdem der Tschammer-Pokal 1944 zu den Akten gelegt worden war.

Am 12. Februar 1969 setzte es ein deklassierendes 1:4 vor 4.000 Zahlenden am Wackerweg gegen Hannover 96, deren ersten beiden Treffer Jupp Heynckes erzielte. Kipp hatte in der 23. Minute vorübergehend auf 1:2 verkürzt.

Am 9. Dezember 1972 hatte Wacker 04 als aktueller Berliner Meister die Millionärstruppe von Werder Bremen zu Gast. Bei denen fehlte an diesem nasskalten Wintertag zwar Eisenfuß Horst Dieter Höttges, doch der wurde auch nicht allzu sehr vermisst bei den Kickern von der Weser. Zu deutlich war der Qualitätsunterschied zwischen Amateur-Vertragsspielern und Bundesligaprofis.

2.900 Besucher vermeldet die Chronik von Weinrich und Grüne. Picke-packe voll war der Wackerplatz. Nur eine Umrandung in Werbebandenhöhe – VW Staaamann, Altkulmbacher-Bier, Afri-Cola und Martini hatten sich u.a. engagiert – trennte das Spielfeld vom Publikum. Es ist einfach nur ärgerlich, dass Wacker zwei Jahre später seine Zweitligapartien, u.a. wegen der fehlenden Absperrungen, hier nicht mehr austragen durfte.

Der SV Werder Bremen hatte Kalli Kamp in seinen Reihen. Schlank war der nicht mal als aktiver Spieler, aber trotzdem ungemein wendig. Sein Querpass vor dem 0:1 erreichte die Nummer 5, den Kapitän der Bremer – niemand anderen als den famosen Rudi Assauer –, der die Nille sofort zu Hasebrink weiterleitete, der dann bloß noch zu vollenden brauchte (16.). Das ging fast wie im Training, so dass SFB-Reporter Jochen Sprentzel sich zu dem Kommentar veranlasst sah, dass die Wackeraner einen „übergroßen Respekt" vor dem Gegner hätten. War das aber nicht eigentlich völlig normal? Derselbe Hasebrink und Kamp erhöhten noch vor der Pause auf 0:3, doch das Publikum war von den Darbietungen der Bremer derart angetan, dass es jubelte, als würde Wacker gerade gewinnen... 1:5 endete das Spiel schließlich standesgemäß.

Rainer Liedtke ist noch heute, fünfzig Jahre danach, schwer beeindruckt, wenn er sich die Namen der Werderaner Spieler vergegenwärtigt. Wörtlich: „Da flattert mir noch jetzt das Herz, wenn ich allein diese ganzen Namen hier sehe."

Der DFB führte 1972 für die 1. Hauptrunde ein Hin- und Rückspiel ein. Allerdings zum Glück nur für zwei Spielzeiten. Wacker 04 kam so aber noch in den ‚Genuss', nach der 1:5-Heimklatsche für eine weitere Lehrstunde extra an die Weser fahren zu dürfen.

Abgesehen von den hohen Reisekosten gab es, als sportliche Zugabe, dann noch ein deftiges 0:4, wobei Wacker immerhin bis kurz vor dem Pausentee ein achtbares 0:0 gehalten hatte. Werder siegte dank zweier verwandelter Elfmeter durch Hasebrink, einem Tor von Willi Neuberger (er absolvierte satte 520 Bundesligaspiele!), und zu guter Letzt durfte sich dann sogar Eisenfuß Höttges in die Liste der Torschützen eintragen.

Anfang September 1974 stand dann eine ganz andere Wackermannschaft auf dem Platz, um als frischgebackener Zweitligist mit zu Beginn sogar 10:8 Punkten in der Liga gegen einen Zweitligisten der 2. Liga Süd, Mainz 05, ein tolles Spiel abzuliefern. Leider im Poststadion! Und leider hat sich das Team am Ende durch ein unglückliches Ausscheiden selbst bestraft! Was aber den Spielwitz betrifft eine wirklich ganz andere Liga.

Helmut Pabst hütete noch das Tor (leider nur noch für insgesamt 11 Spiele). Mit Bien, Hansen (46. Hemfler), Altendorff, Lindner, Hanisch, Müller, Liedtke, Ivangean (106. Krüger), Lunenburg und John stand die vermutlich spielstärkste Wackertruppe aller Zeiten auf dem Feld. Ich mache es kurz, weil die Erinnerung daran selbst heute noch schmerzt. In der 101. Minute, also in der Verlängerung, erzielte der FSV Mainz 05 das Siegtor. Gewertet wurde es als Eigentor von Altendorff, obwohl es ein abgefälschter Ball war.

Was Wacker an diesem denkwürdigen Tag auf den Platz zauberte: Zum Zungeschnalzen! Eine Mannschaft hatte zu sich selbst gefunden. Darüber hinaus, Torchancen ohne Ende. John beispielsweise hätte einnetzen müssen. Oder Hanisch, oder Liedtke... Ratze stürmte nach einer feinen Finte allein auf den baumlangen, späteren Kult-Torwart von Borussia Mönchengladbach, Wolfgang Kneib, zu, der ihm, seiner Körpergröße wegen, in letzter Sekunde noch das Leder vom Fuß spitzeln konnte. Das wäre es gewesen! Wenn ich daran denke, dass die Mainzer nach ihrem glücklichen Weiterkommen für die 2. Runde dem FC St. Pauli zugelost wurden, könnte ich heute noch heulen. Denn am Millerntor hatte Wacker doch schon zweimal gesiegt! Mainz 05 wurde dann von den Kiezkickern mit 8:3 abgefertigt.

1975/76 setzte es gleich in der ersten DFB-Pokal Hauptrunde unter Trainer Georg Gawliczek eine ernüchternde 0:3 Niederlage beim SC Jülich 1910. In der folgenden Saison gab es unter dem zurückgekehrtem Coach Klaus Basikow zunächst ein 1:0 über den Schwarzwald-Verein FC Villingen 08 (Siegtor durch Racine). In der nächsten Runde unterlag man aber zum zweiten Mal den Clubbern zu Hause mit 0:5.

1977/78 stand es gegen SV Saar 05 Saarbrücken nach der Verlängerung immer noch 0:0. Das Rückspiel in Berlin war schwer umkämpft. Wacker siegte vor nur 450 Zahlenden am Ende mit 5:4. Liedtkes Führung glich Saarbrückens Zipfel in der 86. Minute aus, sodass Wackers Weiterkommen erst im Elfmeterschießen sichergestellt wurde. Immerhin! Auf dem gefürchteten Betzenberg in Kaiserslautern kam es zum nächsten Kräftemessen zwischen Ungleichen.

Die Mannschaftsaufstellung beider Teams:

1. FC Kaiserslautern: Stabel, Ritschel (55. Scheller), Meier, Melzer, Groh, Pirrung, Stickel, Riedl, Geye, Toppmöller Wilhelmi (65. Wendt).
Wacker 04: Kosmowski, Plehn, Fetkenheuer, Bien, Krüger, Mielke, Racine (75. Etzdorf), Lindner (80. Leumann), Liedtke, Schwarze, Paul.
Die Tore: 1:0 Toppmöller (34.), 1:1 Fetkenheuer (40.), 2:1 Pirrung (62.), 3:1 Geye (71.), 4:1 Meier (90.)
Der Schiedsrichter: Walz aus Waiblingen.

Weshalb Wacker 04 als einziger Zweitligist am DFB-Pokalwettbewerb 1978/79 nicht teilnahm, ist schwer nachvollziehbar. Hertha BSC und Tennis Borussia waren sowieso gesetzt, ebenso der Berliner Pokalsieger Spandauer SV, der allerdings beim VfB Stuttgart mit 12:0 unterging. Warum aber war der Berliner Vizemeister und Vize Pokalsieger BFC Preussen am Start, Wacker 04 aber nicht? Die Preussen verloren dann auf dem Betze mit 7:0.

Am 25. August 1979 hatte Wacker als Berliner Oberligist bei Hanau 93 anzutreten, wo es nach der Verlängerung 2:2 stand. Pipo Fenselau, Wackers rühriger Obmann, hatte einen Lieblingsspieler: Fredi Schwarze. Ihn herzte er, nicht selten unter Tränen, nach siegreichen Spielen. „Fredi, mein Fredi…" Das dürfte Pipo auch in Hanau getan haben, denn Schwarze wurde zum Man of the match. Zuerst traf er zwar ins verkehrte Tor, sodass es mit 0:1 in die Pause ging. Danach wurde es zunächst nicht besser, im Gegenteil. Hanau konnte in der 52. Minute sogar erhöhen, und Wacker 04 war damit quasi schon draußen. Doch sie fighteten sich zurück. Rüppel verkürzte auf 1:2 (65.), ehe Schwarze tatsächlich in der 79. Minute der im Wacker-Lager viel umjubelte Ausgleich gelang, der ein Rückspiel in Berlin überhaupt erst ermöglichte. Unter der Woche wurde Hanau dann deutlich mit 4:1 besiegt.

In der nächsten Pokalrunde ging es zu den Düsseldorfer Fortunen. Nicht nur, dass Amateurvereine nicht automatisch Heimrecht hatten, sondern dass Wacker 04 als Drittligist auswärts beim aktuellen DFB-Pokalsieger antreten musste, verwundert heutzutage wirklich. Das war einfach ungerecht.

Fortuna Düsseldorf, vier Monate zuvor im Finale des Europapokals der Pokalsieger dem CF Barcelona mit 3:4 knapp unterlegen, war natürlich der haushohe Favorit. Und sie wurden ihrer Favoritenrolle selbstredend gerecht, auch wenn der Sieg mit 2:0 relativ knapp ausfiel. Rüdiger Wenzel (18.) und Klaus Allofs (60.) erzielten die Treffer für die rot-weißen Pokalhelden. „Wir spielten zwar in Düsseldorf irgendwie mit, wussten aber schon während des Spiels, dass wir hier nicht gewinnen werden", hat Rainer Liedtke die Partie noch heute in deutlicher Erinnerung.

Der endgültige Abschied vom DFB-Pokal für die Veilchen war dann fast schon unanständig: Mit 0:9 kamen sie beim MSV Duisburg unter die Räder, diesmal aber mit einer Truppe, die gerade in Richtung Landesliga Berlin torkelte.

Zum letzten Geleit?

Was war der SC Wacker 04 Berlin nun in der Summe wirklich? Diese Frage soll am Ende dieses Büchleins noch versuchsweise beantwortet werden. Nun, es war ein Verein der ehrlichen und stets gutgelaunten Arbeiter, in einer Zeit, in der Smartphones, Internetzugang und andere Dinge noch nicht vorhanden waren. Ein Verein, den am Ende zumeist nur noch Senioren – neugierige Nostalgiker, wie ich es immer mehr zu werden drohe... – in ihren Sonntagsanzügen aufsuchten. Wacker 04 war bisweilen auch ein Verein der Jim-Beam-Anhänger und Pils-Genießer. Ein Club, in dem die Kicker

Arbeiter waren (Hofmann, Hemfler), Polizisten (Schwarz, Müller, Hansen, Lunenburg, Leumann, Wunsch, Czerwionka, Scardela, Gympel usw.), Väter von späteren Bundesliga-Spielern (Horst/ Benjamin Köhler, Jürgen Fuzzi/Oliver Schröder, Karl-Heinz/Christian Hausmann) und zuweilen Schullehrer (Hanisch, Lindner, Bien, Sobeck). Es gab Rechtsanwälte (Greiser, Mallet) und sogar den Leiter einer Bankfiliale (Scholich). Ein Verein, dem ständig die besten Angreifer abgeluchst wurden (Greif, Bölk, Kipp, Sprenger, Hausmann, Schwarze John, Neidhardt, Hohner, Milenz, Dietrich). Und ein Verein der tragischen Trainingsunfälle war mein Herzensverein auch.

Aus dem Club gingen Bundesliga-Profis hervor (Siegmann, Golz). Die vier einzigen Brustwerbungen der Vereinshistorie passten perfekt zum Image des Clubs (Erlebnisgastronomie, Bauunternehmen, Brauerei, Spielautomaten), und mit der ersten Brustwerbung 1978 von Joe's Bierhaus, da war man sogar eher am Ball als Schalke 04, die erst 1979 erstmals ihre Brust 'verkauften'.

Wackeraner waren ehrlich, direkt, humorvoll und gerne auch mal selbstironisch. Mit großer Klappe, aber auch viel dahinter. Drei Namen seien stellvertretend genannt: Klaus Basikow, Heinz Lucas und, vor allem, Pal Csernai.

Wacker 04 besaß eine tolle Tradition, aber leider keine wirklich treue Anhängerschaft, sehr viele technisch herausragende Fußballer, aber zu wenig Geld. Das Herz am rechten Fleck, aber den immer wieder neuen Aufgaben und Veränderungen am Ende nicht mehr gewachsen. Nicht mehr ganz zeitgemäß, was heutzutage ein Kompliment ist.

Es war vor allem jedoch der Club von Fritz und Klaus, die beide auf demselben Friedhof in Berlin-Reinickendorf, unweit des Kurt-Schumacher-Platzes, ruhen. Ich weiß natürlich, dass sie dieses Buch nicht mehr lesen können, und das tut mir in der Seele weh. Aber ich hoffe doch, dass sie es irgendwie fühlen können, dass ihr unermüdliches Wirken für den Verein auf diese Weise gewürdigt worden ist.

Käme doch, dies mein Wunsch, der „Mann mit dem großen Geldkoffer" (Fritz Herz) vorbei, dann könnten wir noch einmal ganz neu anfangen mit dem Heimatverein der alten, langsam aussterbenden Reinickendorfer. Wacker 04, das könnte, so wie die Dinge inzwischen liegen, auch bedeuten: 0=Zero, also nicht mehr existent…

Der SC Wacker 04 Berlin, mein geliebter Verein, war mehr als eine Fußnote der Berliner Fußballgeschichte. Wenn es mir gelungen sein sollte, mit diesem Buch meinen Lesern dies verständlich gemacht zu haben, wäre ich etwas stolz und sehr glücklich.

Literatur

Baumann, Uwe/Dahlmann, Ditmar (Hg.):
Kopfball. Einwurf. Nachspielzeit. Essen 2008.

Bausenwein, Christoph:
Die Legende vom Club. Die Geschichte des 1. FC Nürnberg.
Göttingen 2006

Bertram, Marco:
Fußballfibel. BFC Dynamo. Berlin 2015.

Bezirksamt Reinickendorf von Berlin:
„…körperlich und physisch topfit!" Ausstellungssammelalbum,
Heimatmuseum Hermsdorf, Berlin 2006.

Bläsig, Horst/Leppert, Alex:
Ein roter Löwe auf der Brust. Die Geschichte von Eintracht
Braunschweig. Göttingen 2010

Blecken, Gilbert:
Hertha 1970-1990. Ehemalige Spieler erinnern sich. Berlin 2004.

Chronik des deutschen Fußballs. Gütersloh 2005.

Festschrift 50 Jahre SC Wacker 04 Berlin. Berlin 1954.

Fischer, Bernd/Nachtigall, Rainer:
Fußball in Berlin. Skandal ohne Ende. Berlin 1992.

Grüne, Hardy:
Vom Kronprinzen bis zur Bundesliga. Kassel 1996.

Grüne, Hardy:
Who's who des deutschen Fußballs. Deutsche Vereine seit 1903.
Kassel 1995.

Grüne, Hardy/Weinrich, Matthias:
Deutsche Pokalgeschichte seit 1935. Kassel 2000.

Grüne, Hardy/Knieriem, Lorenz:
Spielerlexikon 1890 – 1963. Kassel 2006.

Grüne, Hardy:
Geheuert, Gefeiert, Gefeuert. Die 250 vorzeitigen Trainerwechsel
der Bundesligageschichte seit 1963. Kassel 2000.

Grüne, Hardy/Schmidt, Thorsten/Willig, Frank:
Rote Liebe. Die Geschichte von Hannover 96. Göttingen 2009.

Hartwig, Wolfgang/Weise, Günter:
100 Jahre Fußball in Berlin. Berlin 1997.

Havemann, Nils:
Fußball unterm Hakenkreuz. Frankfurt 2005.

Hildebrandt, Dieter:
Dieter Hildebrandt wirft ein. Hörbuch. München 2006.

Hoffmann, B. F.:
Das große Lexikon der Bundesliga Torhüter.Berlin 2003.

Huba, Karl Heinz (Hg.):
Jahrbuch des Fußballs 1970/71. München 1971.

Jahn, Michael:
Nur nach Hause gehen wir nicht. Die Geschichte von Hertha BSC.
Göttingen 2006.

Karn, Christian/Rehberg, Reinhard:
Spielerlexikon 1963 – 1994. Kassel 2012.

Merkel, Max:
Geheuert, gefeiert, gefeuert. Die bemerkenswerten Erlebnisse
eines Fußballtrainers. München 1980.

Mertesacker, Per:
Honigstein Raphael, Weltmeister ohne Talent. Berlin 2018.

Rosenzweig, Lutz:
Fußball in Berlin. Berlin 1987.

Skrentny, Werner (Hg.):
Das große Buch der deutschen Fußball-Stadien. Göttingen 2001.

Weinrich, Matthias:
Zweitliga-Almanach. Alle Spieler. Alle Vereine. Alle Ergebnisse.
Kassel 2001.

Wittig, Eberhard:
Ha Ho He Hertha BSC. München 1971.

Periodika:
Fußball-Woche (div.), Fußball-Woche Nr. 10/21, Wacker
Echo (divers. Ausgaben 1987 – 1992), Kicker Sonderhefte
1973, 1974, 1975, 1976, 1977, 1978, 11 Freunde (Ausgabe November
2020)

(Fast) alle Vereine, die vom SC Wacker 04 Berlin besiegt wurden

Egal, ob nur einmal (wie beim großen Hamburger SV im Liga-pokal 1972, zweimal beim FC St. Pauli am Millerntor, doppelt daheim gegen Borussia Dortmund und dem 1. FC Nürnberg, oder gegen Hertha BSC 16-mal (ich höre euer „ach so…" bis hierher): Es ist ein Potpourri illustrer Namen der deutschen Fußballgeschichte. Vereine, die heute in Polen und Russland liegen, sind sogar auch dabei. Da fuhren die Lila-weißen eben am einzig freien Wochentag hin – und siegten ab und an. In Klammern ist ein Resultat mit dem dazu gehörigen Spieljahr vermerkt, und ob es daheim (H) oder (A) auswärts geschah. In Freundschaft (F) oder im Pokal (P). Natürlich besteht kein Anspruch auf Vollständigkeit.

1. FC Mülheim (H, 4:3, 1975)	CSC Friesen Cottbus (H, 7:2, 1937/38)
1. FC Neukölln (A, 2:0, P, 1938/39)	DJK Gütersloh (H, 1:0, 1974)
1. FC Nürnberg (H), BL-A, 5:0, 1974)	DSC Arminia Bielefeld (H, 5:3, 1974)
1. FC Saarbrücken (A 1:0, BL-A, 1974)	FC St. Pauli (A, 2:1, BL-A, 1972)
1. FC Wilmersdorf (H, 3:0, 1993)	Frohnauer SC (Berlin) (A, 8:1, P, 1988)
(TSV) Alemannia Aachen (H, 2:0, 1975)	FSV Frankfurt (A, 2:1, F, 1986)
Altona 93 (Hamburg) (A, 5:3, P, 1936)	FV Villingen 08 (A, 1:0, P, 1976)
BBC Südost (H, 2:1, 1974)	Greifswalder SC (A, 2:0, P, 1936)
Blau Weiß Parchim (A, 3:1, 1992)	Hafen Rostock (A, 2:1, 1991)
Brandenburger SC (A, 2:1, 1937/38)	Hanau 93 (H, 4:1, P, 1979)
BFC Alemannia 90 (H, 5:2, 1948/49)	Holstein Kiel (H, 1:0, 1979)
BFC Meteor 06 (H, 5:0, 1967/68)	Hertha BSC Berlin (H, 2:1, 1987)
BFC Nordstern 07 (H, 3:0, 1952/53)	Hertha BSC Amateure (H, 5:2, 1977)
BFC Preussen (A, 1:0, 1977)	Hertha 03 Zehlendorf (H, 1:0, 1954/55)
BFC Türkiyemspor (2:0, 1988)	Göttingen 05 (H, 1:0,, 1974)
BFC Südring (H, 4:0, 1950/51)	Hamburger SV (A, 3:2, Liga Pokal, 1972)
Bonner SC (H, 1:0, 1976)	Hannover 96 (H, 2:0, 1977)
Brandenburg-Lichterfelde (Brali) (A, 4:1, 1979)	Hindenburg Allenstein (H, 6:0, P, 1937)
BSC Kickers 1900 (H, 5:3, 1953/54)	Lichterfelder SU (H, 3:1, 1965)
BSV 1892 (A, 5:3, 1934/35)	Olympia Bocholt (H, 2:0, 1978)
BSV Hürtürkel (H, 6:2, P, 1991)	(TSR) Olympia Wilhelmshaven (H, 3:0, 1974)
BVB Borussia Dortmund (H, 3:1, 1975)	OSV Hannover (A, 1:0, 1978)
BV Cloppenburg (A, 6:3, F, 1978)	MTV Pommersdorf (H, 3:2, P, 1936)

Neuköllner Sportfreunde Berlin (A, 9:3, 1967)

PFV Bergmann-Borsig (H, 1:0, 1991)

Polizei SV Stettin (A, 9:2, P, 1937)

Preussen Stettin (A, 6:3, P, 1933)

Reinickendorfer Füchse (H, 2:0, 1963)

RFC Alt-Holland Berlin (H, 4:1, 1974)

Rot-Weiß Essen (H, 1:0, 1978)

Rot Weiß Lüdenscheid (H, 2:1, 1979)

Rot-Weiß Neukölln Berlin (A, 4:2, 1978)

Saar 05 Saarbrücken (H, 5:4, n.E., P, 1977)

SC Charlottenburg Berlin (SCC) (A, 2:1, 1988)

SC Fortuna Köln (H, 4:2, 1974)

SC Gatow (A, 2:0, 1965)

SC Herford (H, 3:2, 1977)

SC Minerva 93 Berlin (H, 1933/34, 3:2)

SC Rapide Wedding (H, 5:4, 1958/59)

SC Siemensstadt (A, 4:3, 1989/90)

SC Tegel Berlin (H, 4:2, 1962/63)

SC Union 06 Berlin (H, 4:0, 1953/54)

SC Westend 01 (H, 1:0, 1951/52)

SG Lufthansa Berlin (A, 1:0, 1943/44)

SG Köpenick (H, 2:1, 1946/47)

SG Lichtenberg 47 (H, 3:0, 1948/49)

SG Mariendorf (H, 4:0, 1946/47)

SG Nordstern (A, 9:0, 1947/48)

SG OrPO Berlin (H, 2:1, 1942/43)

SG Osloer Straße (H, 5:0, 1946/47)

SG Prenzlauer Berg-West (A, 3:1, 1946/47)

SG Staaken (H, 6:2, 1946/47)

SG Stadtmitte (H, 3:2, 1946/47)

SG Südring (H, 3:2, 1946/47)

SG Union Solingen (H, 3:2, 1977)

SG Wattenscheid 09 (H, 4:2, 1978)

SG Wilmersdorf (A, 3:1), 1946/47)

SCC Teutonia Spandau 99 (H, 1:0, 1992)

Spandau-Altstadt (A, 2:1, 1947/48)

Spandauer BC (H, 3:2, 1978)

Spandauer SV (A, 2:1, 1966)

SpVgg. Blau-Weiß 90 (H, 5:2, 1963)

(Blau-Weiß Amateure (H, 3:1, 1988)

SpVgg Erkenschwick (H, 2:0, 1975)

Stahl Eisenhüttenstadt (H, 2:1, 1991)

SV Cottbus-Süd (1933/34, H, 2:0)

SV Elektra Berlin (H, 3:0, 1940/41)

SV Hellas Nordwest Berlin (H, 7:1, 1978)

SV Marga (H, 6:2, 1942/43

SV Nowawes 03 Babelsberg (H, 2:1, 1934/35)

SV Sagan (Zagan, Polen) (A, 2:1, P, 1938/39)

SV Röchling Völklingen (A, 3:2, BL-A, 1972)

Stahl Eisenhüttenstadt (H, 2:1, 1991)

(SW) Schwarz-Weiß Essen (H, 1:0, 1975)

Traber FC (A, 3:1, 1989/90)

Tennis Borussia Berlin (A, 1:0, 1963)

(Tennis Borussia Amateure H, 1:0, 77/78)

Tiergarten-Minerva (H, 5:1, 1948/49)

FV Tiergarten (H, 5:4, 1993)

TSV Bayer 04 Leverkusen (H, 1:0, 1976)

TSV Rudow (H, 2:0, 1988)

TuS Wannsee (H, 3:1, 1969)

Union Oberschöneweide (A, 6:3, 1942)

VfL Borussia Mönchengladbach (H, 2:1, F, 1976)

VfB Britz (H, 4:1, 1949/50)

VfB Hermsdorf Berlin (H, 3:2, 1965)

VfB Königsberg (A, 3:2, P, 1938/39)

VfB Lichterfelde Berlin (H, 4:2, 1991)

VfL Nord Berlin (H, 6:1, 1949/50)

VfL Osnabrück (H, 2:1, 1974)

VfB Pankow Berlin (1933/34, H, 3:0)

VfL Wolfsburg (H, 4:2, 1975)

Victoria Hamburg (H, 5:4, P, 1936)

Viktoria 89 (A, 3:2, 1934/35)

Viktoria Köln (H, 1:0, 1979)

(SC) Westfalia Herne (H, 3:2, 1976)

Wuppertaler SV (H, 1:0, 1979)